Gerardo A. R. Nuñez

QUERIDO FUTURO ESTOY PREPARADO

Dedicado a todas las personas con las que he conversado, fantaseado, puesto en acción y experimentado, desde mis primeros pasos en los negocios e inversiones hasta hoy.
Es gracias a todas esas reflexiones que esta obra existe.

Viendo hacia el futuro, dedicar esta obra a todos los emprendedores y emprendedoras que la usarán como una herramienta.

Desde mi corazón les deseo todo el éxito posible.

ÍNDICE

INTRODUCCIÓN

Hola, imagino que si este libro llegó a sus manos es porque usted o alguien de su entorno considera que esta información le será útil, que las finanzas no son lo suyo pero desea dominarlas.

Lo revelado en esta obra es información introductoria. Mi objetivo más importante es ampliar su nivel de consciencia y ofrecerle contundencia. El contenido que se ha expresado busca ser relevante, sin relleno. En pocas palabras, mantenerlo simple. Cada palabra cuenta y los términos fueron sintetizados lo máximo posible para poder acercar a la mayor cantidad de personas información fácil de asimilar y de aplicar. Básicamente ser una guía para todos aquellos que "han intentado pero no han logrado", "están considerando empezar a dominar las finanzas en su vida", "quieren una visión más próspera y positiva en relación con su empleo, economía o negocio", o "les gustaría apoyar a las generaciones futuras con herramientas simples que les permitan tener un inicio con mayores posibilidades".

Con seguridad puedo decirle que este es el libro que me hubiera gustado leer cuando empecé en el mundo de los negocios y finanzas. Vengo de una familia con pocos conocimientos empresariales y financieros, así que toda esta información me tomó años recolectarla, entenderla, asimilarla y hacerla parte de mi visión y vida cotidiana. Creo fervientemente, porque lo vivo a diario, que me ha hecho más libre, consciente, coherente, fuerte, independiente, valeroso y también podría hacerlo con usted.

Hay *tres factores* que todos nosotros compartimos: *lo referido a ser humano, las leyes de la naturaleza que nos impactan a todos por igual y las finanzas.* Estos serán los factores fundamentales y trascendentales durante este libro.

1. Lo referido a ser humano

Aparentemente, por algún motivo del desarrollo del universo, hemos surgido; las condiciones fueron las indicadas y aquí estamos. ¿Por qué?, no se sabe bien. ¿Para qué sirve la raza humana? ¿Cuál es la razón de existir? ¿Quién podría saberlo? Sin embargo aquí estamos.

Podríamos decir que nada importa o que todo importa y ambas frases serían correctas. La decisión es nuestra y tan única como lo somos nosotros mismos.

Le invito a analizar lo siguiente: "somos importantes". Muchas veces vemos la vida pasar y con más o menos consciencia hacemos lo que nos han enseñado y se ha transmitido por generaciones. El conocimiento y la historia fluyen a través de nosotros y cuando nuestro tiempo de existencia se agote dejaremos este mundo. Así que, ¿por qué vivir la mejor versión de nosotros? Lo vale. Ha nacido sin elección con la única certeza que comprende a cada humano: algún día moriremos. Si lo analiza un momento verá que únicamente tenemos dos opciones: atravesar la vida con poca relevancia o tomarla en sus manos y vivirla a su gusto, sin miedos, sin prejuicios, sin banalidades. ¿Qué prefiere?

La reflexión más importante al respecto es: ¿qué es ser un humano? Podemos respondernos de forma objetiva: somos un organismo vivo complejo con necesidades físicas, psicológicas y sociales que hemos de atender a diario durante toda nuestra vida. Debemos alimentarnos, higienizarnos, cuidar nuestra salud, protegernos de otros organismos, nutrir nuestras mentes, nuestra personalidad, nuestro temperamento, las decisiones que tomamos, cómo accionamos, en qué pensamos. Le sugiero que profundice en todos estos temas de forma contundente.

Algunas de las preguntas que me hago a diario, por lo cual me mantengo aprendiendo sobre nosotros son: ¿qué necesita mi cuerpo para estar sano? ¿Por qué vivir una vida saludable? ¿Qué sucedería si las decisiones que tomo me dañan? ¿Con qué contenido alimento mi mente? ¿Cómo funciona? ¿Cómo nos desempeñamos los humanos al momento de relacionarse interpersonalmente? ¿Cuáles son las habilidades sociales que un ser humano debe dominar para tener una vida social positiva? ¿Cuáles son los valores que rigen mi vida? ¿Las personas que me rodean comparten la moral que me gustaría tener o tengo? *¿Mis hábitos hacia que vida me están llevando?*

2. Las leyes de la naturaleza

Como seres humanos, somos parte de la naturaleza, y asumir esto es lo que podría ayudarnos a tener una vida próspera. Adicionalmente debemos asumir, ya que es irrefutable, que la naturaleza posee leyes a las que estamos supeditados, incluso por encima de la moralidad o la ley impartidas por las civilizaciones.

Vivimos en un mundo de características específicas que nos afectarán siempre. Armonícese y procure ir a favor de estas leyes, ya que en contra nada podrá hacer. Conozca el mundo que lo rodea. Estúdielo. No es necesario ser un experto, pero sí al menos, tener una mínima noción de cómo funciona la naturaleza a la que estamos expuestos a cada instante.

¿Sabe por qué las casas se fabrican con los materiales que están hechas? ¿Por qué el clima tiene ciclos? ¿Por qué hay tantos materiales en este planeta? ¿Cómo usarlos? ¿Cómo los usan otras personas? ¿Qué hay en el aire? ¿Cómo crece un vegetal? ¿Qué función cumplen los árboles?...... y miles de preguntas más que podría hacerse. Ser consciente de esto y más le aseguro lo llevará a tomar decisiones más acertadas, desde las simples hasta las importantes.

Usted es parte de todo este ecosistema. Conviva y aproveche las oportunidades que la naturaleza nos da para impulsar su vida a otro nivel. Viva conscientemente.

3. Las finanzas

Todos los que habitamos este mundo y lo hemos tapizado casi por completo, nos creemos o pretendemos ser dueños de una porción de este planeta. La forma más razonable que hemos logrado implementar para repartirnos el mundo (sus materias primas, sus bienes, sus territorios y todo lo demás) es la economía. Nuestro sustento, mayormente, depende de comprender aunque sea lo mínimo de esta y ser un agente activo en el mercado desde cualquiera de las variantes que existen, ya sea trabajando, teniendo un negocio propio, invirtiendo o todas a la vez.

Prácticamente no hay forma de evitar las finanzas hoy en día. Intentar o querer evadir su relación con el dinero le resultará en una mala calidad de vida pudiendo generar que a veces no asegure su sustento o sea dependiente de otras personas para sobrevivir, perdiendo su libertad de acción y elección.

En contraposición, si toma el control de sus finanzas y mejora sus conocimientos al respecto vivirá venturosamente.

En mi camino por entender los factores que acontecen y me rodean constantemente, he encontrado que hay tres habilidades que vale el esfuerzo desarrollar ya que son las que me han permitido avanzar en todo lo demás. Esto es lo que me ha funcionado y se ha vuelto un mantra para mi:

> *" RELÁJESE, MANTÉNGASE CONSTANTE Y SUBA SU*
> *NIVEL DE CONSCIENCIA."*

Le explico: el tiempo es una constante irrefutable e irreversible que nos paraleliza a todos. Queramos o no que este pase, avanzará igualmente. Aún queriendo volver el tiempo atrás, solo podemos ir hacia el futuro. Así como a nosotros y a todos los demás habitantes del mundo nos impacta con las mismas condiciones. Esta información es de suma importancia para este mantra.

Relájese, mas no sea vago. Su mente recibe, analiza, almacena y emplea información a cada instante. Es indetenible. Esto puede ser una gran ventaja o un gran problema para nosotros. Tiene la capacidad de enfocarla en lo que desee. Donde elija poner su atención, florecerá. Si piensa constantemente en problemas o situaciones que no puede o no es momento de resolver, estará asegurando una sensación de frustración cotidiana. Esto le sucede a muchas personas. En cambio, si despeja su mente de las cosas que no tienen solución hoy, que ni siquiera lo afectan realmente o forman parte del pasado, podría poner el foco de su atención y sus recursos mentales a disposición de su *presente*, su crecimiento personal, metas y objetivos. Tome la decisión de transitar los caminos que ha escogido sin dañarse a sí mismo. El precio del éxito no tiene porque ser destructivo. Salir de la zona de confort no implica

14

dañarse, sino desafiarse para crecer. Si pretende una realidad saludable su mente ha de estar en sintonía. Perdone lo que tenga que perdonar, suelte lo que tenga que soltar y aprecie lo que considere digno de apreciar ya que con eso avanzará hasta su último aliento.

Manténgase constante, mas no ocupado. Como mencioné hace un momento, el tiempo es constante y todo lo demás es perecedero en función de él. Por este motivo es que todo a nuestro alrededor algún día comienza y algún día termina, así como también todo requiere de mantenimiento.

Su vida y en particular sus objetivos, no son la excepción a esta ley de la naturaleza. Las ideas y ambiciones estarán en su mente hasta que tome acción, pero es la capacidad de ser constante, seguir adelante, superar los obstáculos y trabajar de forma duradera y no provisoria, lo que lo hará triunfar en el camino trazado.

En primera instancia si decide sincronizarse con sus objetivos y vincularse estrechamente, le permitirá tener su atención despierta a novedades del rubro, ideas frescas, puntos de opinión externos, reflexión, reciprocidad y otras muchas cosas que le permitirán avanzar.

En segunda instancia ha de entender que merece la vida con la que sueña. Esto no significa que alguien tenga que regalársela, sino que puede generarla con compromiso, esfuerzo, inteligencia y constancia.

Hay dos secretos detrás de la constancia:**1)** mantener el enfoque en el objetivo sin dejar de lado el proceso, **2)** siempre avanzar. Puede cambiar el plan, pero no la meta; puede retroceder pero solo para tomar impulso. Si sigue estos dos secretos indefectiblemente llegará a donde desea. Y permítame ser directo: lo vale. Cada logro cuenta y debe de respetarlo y celebrarlo. Usted es la primera persona que debe cumplirse a sí mismo.

Suba su nivel de consciencia y amplíe su visión. Todo lo que ha pasado y lo que acontece es traducible en volúmenes de información parametrizables. Estos pueden ser utilizados por quienes tengan acceso y/o estén interesados en consumirlos, procesarlos y hacer algo con ellos.

Ser consciente de algo es tener información relevante del tema en cuestión. Pondré un ejemplo común a todos nosotros: ¿cómo funciona el cuerpo humano? Aunque todos somos únicos, en general, nuestros cuerpos funcionan de una forma muy similar. Están compuestos por lo mismo y nos afectan las mismas cosas. En este ejemplo, ser consciente implica que conozcamos la información precisa de este.

Pero, ¿para qué subir mi nivel de consciencia?: para tomar decisiones más efectivas y conseguir el impacto que buscamos al momento de tomar acción. Supongamos que quiere estar saludable para tener una buena calidad de vida, sentirse bien y evitar atravesar enfermedades. Para ello ha de conocer cómo alimentarse, cuanto descansar, sus límites o como ejercitar su cuerpo.

Con la información correcta puede tomar acción de forma efectiva y obtener el resultado exacto que está buscando. Sin la información correcta es posible que tome decisiones que no lo favorezcan o que lo favorezcan a la mitad. Con las finanzas y todo lo que nos rodea sucede exactamente lo mismo.

ENFOQUE SU MENTE

Me gustaría invitarle a preparar su mente para recibir la información de este libro con la predisposición correcta. Esto no es azaroso, la mayoría de las personas que fracasan financieramente, ya sea en su economía personal, inversiones y/o negocios, es porque olvidan completamente o desconocen el factor humano involucrado en estas actividades, tanto el de quienes lo rodean o forman parte como el propio. Si usted es de quienes persiguen el dinero desesperadamente, permítame realizar una observación al respecto: el dinero le llegará como la recompensa por sus hábitos y acciones.

Cuando termine de leer el siguiente cuestionario deténgase por un momento, baje este libro, hágase estas simples preguntas y permítase analizarlas con total enfoque y sinceridad:

¿Dónde estoy en este momento?

¿Todo lo que hice o estoy por hacer es lo que deseo profundamente?

¿Los alimentos que comí hoy le hicieron bien a mi cuerpo?

¿Cómo están mis huesos, mis músculos, mi piel, mis ojos?

¿Soy un ser humano saludable?

¿Con cuántas personas discutí hoy? ¿Y en los últimos 30 días?

¿Con cuántas personas discutí hoy? ¿Y en los últimos 30 días?

¿A cuántas personas odio? ¿Por qué?

¿A cuántas personas amo? ¿Por qué?

¿A cuántas personas envidio?

¿A cuántas personas ayudé hoy?

¿Cuánto me afectan negativamente las personas que frecuento?

¿Cuánto me afectan positivamente las personas que frecuento?

¿Cuánto afecto yo negativa y positivamente a las personas que frecuento?

¿Soy consciente de todo esto?

Le aseguro que para ser próspero financieramente debe tener esto presente y más. Nadie ha conseguido tener unas finanzas sanas sin saber dónde está, a dónde va, qué quiere, cómo lo va a lograr y cómo va a impactar eso en todo su entorno o más allá.

El primer secreto que voy a mostrarle sobre cómo ser rico es que nuestras economía no está ni sucede en nuestros bolsillos o cuentas bancarias, sino en nuestras mentes. Desde las personas más pobres a las más ricas del mundo, todas por igual, construyen sus finanzas con lo que tienen en su intelecto: sus capacidades, sus habilidades, su gestión emocional, disciplina, hábitos, deseos, sueños, metas, objetivos, amor propio y respeto por el prójimo. Si se ocupa de elevar su nivel de consciencia de forma constante, tendrá una visión más clara de todo lo que sucede a su alrededor, en su hogar, en su trabajo o negocio, en su cuerpo, en su mente y en su estado anímico. Podría ganar la lotería mañana mismo pero si no amplía la percepción de su entorno le aseguro que ese gran premio le hará más daño que bien. La abundancia es una simbiosis totalmente recíproca entre finanzas sanas y mente y cuerpo sanos. Permítase conocerse así mismo, acéptese, corríjase si lo considera necesario, ámese y dese, no solamente una vida financieramente buena, sino también una vida mental y físicamente excelente. Se lo merece. ¿Por qué?

Porque es un organismo biológico compuesto de millones de pequeños organismos celulares con cientos de funciones diferentes, combatiendo virus y bacterias todo el tiempo. Puede desplazarse, generar su alimento por sí solo, conducir complejos artefactos de automoción, calcular matemáticamente, volar en una lata gigante, emitir sonidos para comunicarse, percibir sonidos de otros seres humanos, puede ver, imaginar, consolar a alguien con un abrazo o una frase, afectar a miles de personas con una foto en redes sociales, puede crear vida, amar, sentir, pensar, imaginar, desear y entender que somos una ínfima porción en un universo infinito, en un rincón de una galaxia, en un planeta que, casi de casualidad, nos permite existir. Y nosotros no somos ni medio metro cúbico de materia. Sin embargo personas como usted y como yo han creado las tecnologías más interesantes del mundo para desplazarnos más rápidos, para comunicarnos con el otro lado del mundo a un click de distancia, surcar los cielos, los mares, el espacio exterior, combatir enfermedades, crear prosperidad, detener guerras y más.

Merecemos darnos lo mejor, es casi una casualidad que existamos, que estemos vivos, aquí y ahora. Tenemos la oportunidad de darle al mundo y a nosotros mismos la mejor versión que podemos ser cada día. Hágale frente a su yo perezoso, desplácelo y dé lugar a su yo proactivo; de su yo ignorante deshágase y reemplácelo por su yo hambriento de conocimiento; a su yo inconsciente, transfórmelo y permítase tener una vida cargada de propósito. Levántese cada día con ganas, porque cada día es un regalo. Vívalo intensamente, ayude a los demás, ámese y cuide el planeta en el que vive porque es igual de frágil y efímero que cada uno de nosotros. Respete a los demás seres vivos, ellos también viven en este planeta, compartámoslo. Deje los hábitos insanos, hágase bien, cuídese y dese la vida con la que tanto ha soñado.

Me gustaría asegurarle una cosa más para terminar con la introducción: es completamente innecesario juzgarse por su edad. Si tiene quince años, treinta años, cincuenta u ochenta da igual. Nada de lo que haga hoy cambiará el pasado, solo puede hacer en este momento y proyectarse hacia el futuro. Quizá sienta que lo que ha hecho hasta hoy no le sirvió de nada o podría haberlo hecho mejor, pero permítame corregir eso: lo que hizo le trajo hasta aquí, hasta este libro, esta frase y así tenía que ser. Vivimos hasta el último día de nuestras vidas, no importa cuándo empiece a darse la vida que desea, tome su experiencia pasada, úsela sabiamente y siga adelante porque se lo merece.

Todo lo que sueña está a un "empezaré ahora" de distancia. El primer gran miedo que supere le costará, el primer gran problema que enfrente con alegría será un desafío, la primera vez que se acepte con todas sus partes agradables y las no tan agradables, a su parecer, sentirá un shock, pero llegará un punto en su vida en que será indetenible y notará que somos seres infinitos, que por más que seamos un minúsculo punto en el universo, somos capaces de sentir y hacer las cosas más impactantes que la humanidad ha visto.

USTED ES IMPORTANTE.

1

SOBRE INVERSIONES

EL DINERO

Ser próspero financieramente es un objetivo relativamente sencillo de alcanzar. Existen varios caminos y todos requieren de algunos pasos para lograrlo. Mayormente no lo hacemos porque no podamos, sino porque creemos no poder.

He conocido a muchas personas que creen que el dinero es malo. La realidad es que no es ni malo ni bueno ni posee algún adjetivo condicionante en su constitución ya que las finanzas y la economía simplemente transcurren objetiva y subjetivamente por diferentes caminos aún siendo parte de un sistema conjunto. Cada agente en el mercado tiene las posibilidades para capitalizarse, a pesar de que no necesariamente sean las mismas, sucede que generalmente, no contamos con los conocimientos o las habilidades necesarias para hacerlo de forma satisfactoria. Sabiendo esto comencemos con lo más básico: qué es el dinero, cómo funciona, para qué sirve y cuál es su valor real.

Supongamos que tiene una cabra.

En el sistema económico mundial cada cosa tangible e incluso muchas cosas intangibles tienen un valor. Digamos que esta tiene un valor equivalente a 40 dólares. Su cabra puede ser su mascota, su compañera de vida o lo que considere y jamás será intercambiada por dólares, pero aún así podríamos estimar que el valor que tiene es igual a 40 dólares.

A su vez yo tengo muchos patos. A pesar de que son mis mascotas y yo jamás los intercambiaría por nada en el mundo, estos tienen un valor asignado en la economía que es igual a 5 dólares cada uno.

Con esta información podríamos calcular que su cabra valorada en 40 dólares es equivalente en valor a 8 de mis patos, que equivalen a 5 dólares cada uno. Esto no significa que tengamos que intercambiar a estos maravillosos animales, sino que el dinero funciona como un *regulador de valores*, un bien de intercambio para generar ecuanimidad entre partes. Donde sea que esté y en el punto opuesto del mundo, el dinero es exactamente eso.

Asimismo, hay gente que lo acusa de ser malo, sin embargo en el ejemplo anterior el dinero únicamente estimó un valor, no nos obligó a generar un intercambio ni a ninguna otra cosa. Ampliaremos el ejemplo: alguien se enteró que yo tengo patos y los quiere comprar para iniciar un criadero y me ofrece 40 dólares por mis 8 patos. Yo me niego porque son mis mascotas y no están a la venta, pero esta persona insiste haciendo una oferta mayor, ofreciendo 60 dólares que rechazo; él una vez más sube su oferta y está dispuesto a darme 200 dólares pero yo vuelvo a rechazarla. Al cabo de unos días descubro que este sujeto robó mis patos para iniciar su criadero. En este ejemplo muy sencillo se pueden analizar diferentes cosas:

1. El dinero no robó mis patos, fue la persona que estaba interesada en su valor productivo quien los sustrajo.

2. En ningún momento existió un intercambio de dinero, solamente se usó para estimar el valor en dólares de los animales.

3. El dinero siempre va a valer menos que los bienes o servicios transables tangibles o intangibles porque solamente es un designador de valor. Cuando el sujeto encontró más valor en los patos que en los dólares no tuvo duda en quintuplicar su oferta.

4. Aún ofreciendo más que el valor estándar de mercado, el dinero no tiene poder de compra intrínseco. Por asignarle un valor en unidad monetaria a algo no significa que esté a la venta.

Cuando compramos o vendemos algo realmente estamos intercambiando valores:

→   1 cabra = 40 valores (dólares)
→   1 pato = 5 valores (dólares)
→   1 cabra (40 valores) = 8 patos (40 valores)
→   4 patos (20 valores) = ½ cabra (20 valores)

El problema es que no se puede intercambiar media cabra viva, muchos bienes no pueden subdividirse y el dinero nos permite fraccionar su valor en partes suficientes para encontrar la ecuanimidad antes mencionada.

El dinero es la representación física del valor de los bienes y posee mucha popularidad. Por tanto, vamos a encontrar a muchas personas interesadas en él o en las posibilidades que este genera: imaginemos que sus cabras mascotas se reprodujeron en gran cantidad, unas 20.000, y ya no puede cuidar de ellas porque son demasiadas. Entonces decide vender 19.000 a un productor de quesos. Acuerdan el precio de mercado en 40 dólares por cabra, la transacción es de 760.000 dólares y con este dinero decide comprarse el superdeportivo con el que siempre ha soñado. El automóvil tiene un valor de 750.000 dólares y ahora puede comprarlo. ¿Se imagina yendo a comprarlo y entregar a cambio 18.750 cabras?

Con el dinero los humanos hemos iniciado guerras, creado hospitales, vendido armas o compramos alimentos para nuestras familias, insertamos drogas duras en la sociedad o ayudamos a un amigo a solucionar un problema. Podemos hacer las peores cosas o las mejores. Hay que entender que somos los humanos los que ejecutamos cada acción con esa representación de valor. Usted que está leyendo este libro tiene la opción de ser una buena persona con recursos económicos para hacer el bien. El mundo necesita a más personas felices y buenas con amplia capacidad financiera para seguir propagando la paz, el bienestar y la habilidad de hacer desde el amor cada acción que realicemos.

ACUMULAR

Ahora que entendemos que el dinero es la representación física del valor de los bienes y servicios, puedo decirle que el segundo gran secreto para hacer una fortuna es acumularlo.

La mayoría de las personas cree que ser próspero es tener mucho dinero y esto no es del todo cierto. Hacerse con una gran fortuna es uno de los resultados de una serie de hábitos que impactarán dichosamente en usted para siempre. Es una forma de pensar, una forma de ser y una forma de hacer. Resumiendo, es un estilo de vida. Pero ¿qué relación tiene esto con acumular?

A mis 12 años corría el año 2003 y mi país natal, Argentina, todavía sufría los golpes de una corrida cambiaria muy grande y una contracción económica muy profunda ocurrida en el año 2001. Mi madre nunca me lo pidió pero yo decidí emprender un pequeño negocio de reventa de artículos de limpieza puerta a puerta para ayudar en casa. Una tarde muy buena vendí productos por 100 pesos Argentinos (en ese entonces el equivalente a unos 30 dólares) y decidí comprar un refresco de 1 peso, me senté en el suelo para descansar un momento y observé detenidamente el envase. Recuerdo haber tenido una sensación impresionante dentro de mí, fue revelador. Lo recuerdo así: 12 años, un cajón con artículos de limpieza, un refresco grande y la posibilidad de comprar 99 más si quisiera en ese instante porque tenía la capacidad financiera de hacerlo. Posteriormente, a los 14 años de edad, llegó a mí el impresionante libro de Robert Kiyosaki "Padre rico, padre pobre". Todavía no entendía bien el valor del dinero y este libro amplió mi visión de forma tal que reprogramó mi mente, los esquemas de patrón de flujo de dinero de un activo y un pasivo y otras lógicas financieras han sido determinantes en mi vida. Si todavía no lo ha leído, se lo recomiendo.

Empecé a investigar cómo crear activos. Kiyosaki nos explica el conocido cuadrante del flujo del dinero donde ubica en 4 secciones las formas de generarlo: empleado, auto-empleado, dueño de negocio e inversionista. Tuve un empleo, fuí un autoempleado, he sido dueño de negocios y hace unos años decidí involucrarme en el mundo de las inversiones. Deseo mostrarles en este libro que usted también puede, incluso siendo empleado, tomar el control y refinar sus finanzas con resultados positivos.

En los tiempos que corren, el mercado está lleno de oportunidades de inversión como nunca antes y con rentabilidades inimaginables décadas atrás. Dentro de este secreto de las personas más ricas que es la acumulación, podríamos decir que aplicarla bien es que esta persista en el tiempo. Como dijo Robert Kiyosaki "La mayoría de las personas no se dan cuenta de que lo importante en la vida no es cuánto dinero ganas, sino cuánto dinero conservas".

A mí, puntualmente, además me permitió entender lo que yo llamo "el poder de un dólar" y se trata de que cada vez que ganamos o gastamos dinero, podemos subdividirlo hasta esta pequeña unidad y tomar mayor dimensión del valor. Si gana 1000 dólares, gana 1000 veces 1. Si gasta 500, gasta 500 veces 1. Si nuestro objetivo es tener 1.000.000, deberemos ganar 1.000.000 veces 1. Si su salario es de 1000 dólares, está a 1000 salarios de haber ganado 1.000.000. Parece tonto pero suponiendo que gana 1000 cada mes, en poco más de 83 años habrá ganado 1.000.000 de dólares. Quizá esto le resulte muy lejano. ¿Qué sucedería si ganara el doble o el triple? El tiempo que demoraría en adquirir ese millón se reducirá drásticamente. Entender el poder que tiene 1 dólar y lo que haga con él es esencial en todo este proceso ya que nos permite medir el dinero en función del tiempo.

Acumular dinero hoy es ganar tiempo mañana y le aseguro que mañana llegará. Usted podría saber cuánto dinero ha ganado y gastado en su vida.

Déjeme mostrarle algo que es de suma importancia: si usted ha trabajado 42 años de su vida, ha ganado 2.000 dólares cada mes y al mirar su cuenta bancaria no hay ni 1 dólar ni posee propiedades, ha ganado y gastado poco más de 1.000.000 de dólares.

Sé que para muchas personas crear un presupuesto es aburrido o tomar las riendas de sus finanzas es tedioso, incluso hacer una declaración de impuestos les resulta abrumador. Mayormente sucede así porque no están a gusto con lo que ven y llevan años viendo exactamente lo mismo. He escuchado decir en ocasiones que no lo hacen porque las matemáticas no son lo suyo. Si usted es de estas personas le diré algo: quizá no sean lo suyo pero sus finanzas sí lo son, y tener un mínimo de conocimiento al respecto es necesario, no únicamente para ser rico, sino para darse, al menos, a sí mismo una vida digna.

Para tener una economía sana, cualquiera que sea su ingreso y su procedencia, es importante tener algo en claro: usted no puede gastar más de lo que gana. Esto es una regla fundamental en las finanzas personales porque no podemos realizar ningún tipo de plan de crecimiento sobre números rojos. Si esta es su situación, le sugiero enfocarse en volver a números verdes lo antes posible y en el proceso no vuelva a adquirir deudas que lo lleven a números rojos peores.

A menudo se cree que los grandes poseedores de valor se dedican a gastarlo en todos sus deseos y extravagancias. Esto está muy alejado de la realidad. En los tiempos modernos sabemos que el 80% de los millonarios del mundo se han hecho a sí mismos, no han heredado nada. Y aunque veamos a varios de estos conduciendo superdeportivos o comprando grandes mansiones, incluso intentado colonizar planetas, puedo asegurarle que ninguno gasta más que una pequeña porción de sus fortunas en esas comodidades, siempre y cuando su economía se lo permita.

Analicemos lo siguiente: el tema en cuestión es comprar un vehículo que vale 100.000 dólares; una persona promedio con un salario estándar deberá ahorrar muchos años para comprar ese coche o tomar deuda la cual pagará a lo largo de muchos años. Imaginemos que esta persona promedio gana unos 2.000 dólares al mes, descontando todos sus gastos tiene una capacidad de ahorro de 250 dólares. Esto nos indica que el gasto que planea hacer es un 40.000% de su capacidad de ahorro. Ahora supongamos que logra financiarlo sin intereses, lo que implicaría más de 33 años pagando ese coche y nos permite entender dos cosas:

1. Para cuando termine de pagar el coche por completo este ya estará viejo y gastado y tendría que reemplazarlo, siempre que no se estropee antes y se quede sin coche y además una gran deuda por pagar.

2. Esta persona ha perdido toda su capacidad de ahorro. No tiene margen para otros gastos como comprar una casa o cualquier eventualidad médica que surja entre otras cosas.

Por otro lado tenemos a una persona que posee una pequeña fortuna acumulada de 1.000.000 de dólares gracias a su negocio y una buena administración de sus finanzas personales. Para esta, el mismo coche de 100.000 dólares representa el 10% de su patrimonio. Pero no planea desprenderse de su dinero, sino que buscará la forma de que su capacidad de gasto pague sus comodidades, en este caso el coche. Quizá notó una sutil diferencia que mencioné entre capacidad de ahorro y capacidad de gasto. Ahí es donde está una de las claves de todo esto.

CAPACIDAD DE GASTO Y CAPACIDAD DE AHORRO

Nuestros ingresos podemos dividirlos en capacidad de gasto y capacidad de ahorro. Discriminarlos de esta forma nos permitirá conocer realmente el límite de nuestras finanzas personales. Saber con precisión cuánto dinero podemos ahorrar y cuánto gastar nos da la posibilidad de crear un presupuesto y administrarlo de forma eficiente.

1. Capacidad de Gasto

Este es el dinero del que se va a desprender irreversiblemente; lo intercambiará por bienes y servicios tangibles o intangibles y es necesario. Su capacidad de gasto es el equivalente a la calidad de vida que usted podrá darse. Si quiere tener un televisor de 70", un coche nuevo, una casa, cenar en un restaurante o tomarse unas vacaciones, es de aquí de donde tomará el dinero.

Acumular es una de las claves para ser rico, pero ¿para qué acumularlo si no se podrá dar la vida que desea? Gastar es correcto. Aunque muchos se enfrentan al problema de gastar entre el 80 y el 95% de sus ingresos cada mes y más también. Esas son las personas que terminan en bancarrota. Pero no se preocupe, podemos corregir eso. Esta capacidad de gasto podemos subdividirla en dos grandes partes:

1. *Gastos fijos:* podrían ser su hipoteca o alquiler, electricidad, agua, seguro social, gasolina…lo esencial para que usted siga con vida (ya que sin vida nada de esto tendría sentido) y el gasto que le implica seguir generando ingresos. Desde un punto de vista más humano podríamos llamarlos también gastos vitales, con menos de esto no podría vivir.

2. *Gastos no esenciales*: pueden ser representados en una oferta que vio por internet, en el café de cada mañana en el trabajo o una comida de delivery porque no quiso cocinar hoy. Es correcto darse un gusto o ser relativamente flexible con sus hábitos pero es aquí donde ocurre el desastre financiero indiscutiblemente. La falta de presupuesto o sucumbir ante cualquier gasto innecesario sin motivo aparente creará un hueco en su economía personal, incluso sin notarlo.

2. Capacidad de Ahorro

En esta sección de su economía se encuentra esa porción de dinero que usted se dispone a guardar para el futuro. Puede ser para cambiar su vehículo, hacer un pago inicial por una propiedad, tomarse unas vacaciones por Europa el próximo verano o prepararse para su retiro. Y aquí es donde más debemos acumular.

Veámoslo en números para que tome dimensión.

Supongamos que usted tiene un salario de 2.000 dólares. Lo que le sucede a la mayoría de las personas que no realizan un presupuesto es lo siguiente:

INGRESO MENSUAL 2000 USD	COSTE FIJO (35%)	AHORRO (5%)	GASTOS NO ESENCIALES (60%)
1 MES	700	100	1.200
1 AÑO	8.400	1.200	14.400
10 AÑOS	84.000	12.000	144.000
25 AÑOS	210.000	30.000	360.000
50 AÑOS	420.000	60.000	720.000

¿Nota cómo se le escurre el dinero de las manos a quienes no planifican? Le mostraré dos alternativas:

- *CAMBIAREMOS LOS GASTOS NO ESENCIALES POR GASTOS DE DISPERSIÓN SIN CONTROL CON LÍMITE PREESTABLECIDO PERO NECESARIOS.*

INGRESO MENSUAL 2000 USD	COSTE FIJO (35%)	AHORRO (60%)	GASTOS NO ESENCIALES (5%)
1 MES	700	1.200	100
1 AÑO	8.400	14.400	1.200
10 AÑOS	84.000	144.000	12.000
25 AÑOS	210.000	360.000	30.000
50 AÑOS	420.000	720.000	60.000

- *TOMAREMOS LOS AHORROS COMO UN GASTO FIJO O ESENCIAL PARA NUESTRO FUTURO SIN SER TAN EXIGENTES CON NOSOTROS:*

INGRESO MENSUAL 2000 USD	COSTE FIJO (35%)	AHORRO (50%)	GASTOS NO ESENCIALES (15%)
1 MES	700	1.000	300
1 AÑO	8.400	12.000	3.600
10 AÑOS	84.000	120.000	36.000
25 AÑOS	210.000	300.000	90.000
50 AÑOS	420.000	600.000	180.000

Si lo analiza detenidamente, la acumulación le muestra claramente el rumbo de su vida, y esta, al igual que el tiempo, sucederá quiera o no. Usted acumulará dinero o acumulará pérdidas, ganancias o deudas. Lo bueno de acumular es que, como mencioné antes, actualmente, el mundo nos ofrece una amplia gama de inversiones como nunca antes en la historia, desde las más conservadoras hasta las más riesgosas, desde rentabilidades bajas hasta rentabilidades estratosféricas. Y usted, como todos los demás, tiene acceso a todo eso. Si otras personas están aprovechándose de ello, ¿por qué usted no? Las inversiones van a seguir produciendo, usted puede tomar una parte.

Le recomiendo que si es un neófito en el tema busque información, no arriesgue su dinero sin conocimiento, asegúrese de que las operaciones que haga sean legales, generen beneficios legítimos y pueda retirar su capital. También le aconsejo, al principio, buscar inversiones conservadoras. Estamos buscando crear patrimonio y no correr riesgos.

INVERSIONES

Me gustaría comenzar por proponer romper el mito de que las inversiones no son para todos y que solo un grupo selecto de personas puede acceder a ellas, debido a que considero que es por falta de conocimiento y consecuentemente el miedo a perder su capital, lo que genera que la gran mayoría se sienta limitada evitando así su crecimiento con estas herramientas. Es una gran verdad que hay que tener la información correcta para sentirse seguro o tomar riesgos de forma consciente.

Procuraré, en este capítulo, informarle con lo más básico y necesario para que entienda qué sucede cuando invertimos dinero y también cuáles son las cosas a las que debemos ponerle atención antes de involucrarnos en el mundo de las inversiones. Cabe resaltar que lo interesante de esta sección de la economía es que no sucede por obligación, entonces usted decidirá, sin ningún tipo de presión, a la velocidad que quiera involucrarse, cuánto dinero comprometer y si desea salir sin tener que darle explicaciones a nadie. Le recomiendo fervientemente que haga inversiones sintiéndose a gusto y hasta donde sienta seguridad. Invertir es la capacidad que tenemos de disponer los recursos con el fin de obtener un beneficio. Gracias a la acumulación habremos reunido capital y nos permitirá dar nuestros primeros pasos. ¿Por qué invertir? Las ganancias generadas serán una nueva fuente de ingresos para nosotros. A estas las podemos dividir en dos grupos esencialmente: inversiones para flujo de efectivo (o para gastos) o inversiones de crecimiento de patrimonio.

INVERSIÓN PARA FLUJO DE EFECTIVO O GASTOS

Conlleva una idea muy sencilla. Poner dinero a trabajar a través de una herramienta financiera de inversión lo más conservadora posible. Las ganancias que lleguen a usted puede usarlas como quiera. El objetivo de este tipo de estrategia mayormente es cubrir sus gastos de vida, logrando así disponer de tiempo y recursos sin obligaciones laborales. Esto no significa que al llegar hasta aquí deba dejar su empleo y retirarse aunque puede hacerlo si lo considera.

También es interesante destacar que si su trabajo no le agrada o tiene más de uno, ahora usted tiene más opciones, como buscar uno que disfrute a pesar de la paga, ya que no lo hará por ese motivo sino por placer. Asimismo podría dejar su segundo empleo si desea pasar más tiempo con sus seres queridos o simplemente tener tiempo de esparcimiento o descanso. Las opciones son infinitas.

Atención: si usted planea llegar hasta este nivel para dejar su trabajo debe considerar que en el ingreso generado debe contemplar su capacidad de gasto y su capacidad de ahorro también debido a varios factores, el principal es la inflación.

Si deja de ahorrar y seguir sumando inversiones sus ingresos quedarán desfasados de los precios de los bienes y servicios que necesita para vivir. Además sería la mejor opción diversificar estas inversiones, ya que si alguna presenta pérdidas debería evitar que lo afecte negativamente en su calidad de vida.

INVERSIONES DE CAPITALIZACIÓN O PATRIMONIALES

Tienen como objetivo hacer crecer su patrimonio, existen infinidad de instrumentos, herramientas y estrategias. Desde comprar una propiedad que se revalorizará en el futuro, acciones de una o varias empresas que estén creciendo, hasta inversiones donde su dinero crezca trabajando él mismo, sin comprar propiedades.

En un balance de activos deben reflejar, cada mes o cada año, un crecimiento. Que en la suma de todos sus activos cada vez haya más y más

¿CÓMO IDENTIFICAR BUENAS INVERSIONES? ¿QUÉ DEBO SABER?

La economía es un gran sistema de intercambios en constante movimiento. Bienes, servicios, horas, deudas y valor cambiando de propietarios todo el tiempo, y ha de ser así para que haya crecimiento. Existe hace muchos siglos. Aunque se ha ido complejizando con el pasar del tiempo, sigue teniendo las mismas bases y por suerte hoy tenemos distintos niveles con espacio para todos según cuánto dinero tenga, cuánto riesgo está dispuesto a tolerar, incluso distintas variables de tiempo.

Considero que las más básicas y fundamentales pueden agruparse en cuatro tipos teniendo como diferenciador el uso que se hace del dinero al momento de ejecutar cada inversión.

<u>INVERSIONES EN LÍNEAS DE CRÉDITO DE BANCOS</u> <u>Y FONDOS DE INVERSIÓN</u>

Este tipo de inversiones son las más simples y en las que podemos empezar con muy poco capital. Constan de entregar nuestro dinero a entidades que lo invertirán por nosotros. Aunque las líneas de crédito y los fondos de inversión no son exactamente lo mismo, el recorrido que hace nuestro dinero en estos circuitos es muy similar.

Las líneas de crédito de bancos estatales o privados tienen como objetivo captar el dinero de personas que buscan renta financiera y redireccionarlo hacia otras que buscan hacerse de este a través de deuda. El deudor devolverá el dinero más un extra que beneficiará al banco y a la persona que haya prestado el dinero.

Los bancos pueden hacer esto porque tienen la capacidad de asegurar el retorno del capital, ya que previo a emitir un préstamo ellos pueden verificar los ingresos del futuro deudor, su historial de pago, si posee otras deudas, etc. Habitualmente estas entidades no prestan dinero a alguien que no pueda devolverlo, y en el caso de que la persona no pague existen mecanismos jurídicos por los cuales asegurar el cobro. En el peor de los casos, los bancos están obligados por ley a tener un seguro sobre el dinero de los inversionistas, si este no logra responder por su inversión, el seguro lo hará. Son muchas las razones por las que usted puede sentirse seguro de este tipo de inversión.

Respecto a su funcionamiento interno, ¿qué sucede exactamente con nuestro dinero cuando ingresa a este circuito de las líneas de crédito u otros instrumentos del banco? Veámoslo en un ejemplo con números para dimensionarlo mejor: usted realiza una inversión de 5.000 usd en un banco. Este presta el dinero a un particular que está en condiciones de pagar posteriormente, la persona se compromete a devolverlos en 12 meses, básicamente 416.6 usd al mes. Además, el banco recarga la deuda total con un 10% anual. Sumaría otros 500 usd a los 5.000 usd iniciales dejando un total de 5.500 usd, que repartidos en 12 meses, deja al deudor con una cuota de 458.3 usd al mes. De esos 500 usd extra que recarga el banco, este se queda con la mitad y le dará la otra mitad, dándole así un retorno anual del 5% sobre su inversión por un total de 5.250 usd al finalizar la operación.

Lo pondré en perspectiva: usted pide dinero para comprar una casa, su hogar y el de toda su familia y la pagará en el futuro. Mientras ese tiempo pase tiene donde vivir, y si administra bien sus finanzas, ahorra cada mes y sigue haciendo crecer su capital, podría tener deuda e inversiones a la vez. Este tipo de instrumentos existen para no tener que ahorrar el dinero total para comprar su vivienda. Es probable que le tome toda la vida hacerlo. Cuando lo logre, ya le quedará menos para poder disfrutarla. Contemple que si usted no es dueño de una casa deberá rentar una, ya que ha de vivir en algún lugar, y ese gasto es dinero que no recuperará e incluso dificultará el ahorrar para adquirir su hogar.

A su vez hay alguien que tiene dinero quieto, decide ponerlo en movimiento generando la posibilidad de que otra persona tome esa deuda y logre así objetivos que de otra forma serían más difíciles de alcanzar, y el banco que funciona como intermediario y asegura que ambas partes cumplan el acuerdo, obtendrá ganancias que son repartidas entre empleados que a su vez ganan dinero cada mes para costear su vida y formar parte del circuito económico. Quizá no sea la operación más rentable de todas, pero además de ser muy segura, es importante resaltar una vez más que el aporte que hace a la sociedad es de impacto sumamente positivo. Si está en un lugar donde este tipo de operaciones suceden a diario quiere decir que su país está creciendo, de lo contrario significa que se encuentra en un país con problemas.

También sucede que si los bancos tienen más clientes prestando que tomando deuda, ellos harán a su vez, sus propias inversiones para asegurar los retornos de estos que usan a la entidad bancaria como intermediario para prestar dinero y para generar ganancias propias. Con esta misma temática podemos acoplar aquí a los fondos de inversión que son operaciones donde distintas personas y/o empresas se agrupan para tomar posiciones en el mercado invirtiendo en sectores específicos, como podría ser el farmacéutico, energético, automotriz, bonos del gobierno, etc. Estos fondos están administrados por personal capacitado que sabe cuándo comprar y cuándo vender estos títulos de propiedad y títulos de deuda para obtener ganancias y estas son las que serán repartidas entre la entidad que opera y los inversores. El circuito que hace el capital, como ya mencioné, es muy similar debido a que el dinero que da el fondo ha llegado o llegará a las empresas o entidades gubernamentales y será usado para crecimiento, y los que lo han recibido irán devolviéndolo poco a poco o el mismo fondo irá liquidando las acciones o cuotapartes a un precio que refleje ganancias. Veremos esto con más profundidad en un momento.

INVERSIÓN EN EL MERCADO DE VALORES

El mercado de valores es un espacio destinado a conectar organizaciones públicas y/o privadas con el resto de los agentes del mercado. Su desarrollo cumple la función de sustentar la actividad productiva del país al que pertenece a través del ejercicio de facilitar los intercambios de títulos de propiedad de valores, tales como acciones de sociedades, bonos públicos, obligaciones negociables, títulos de participación y otros instrumentos de inversión.

Los agentes involucrados básicamente son tres, los cuales pueden variar. Sin embargo, el circuito es relativamente acotado al momento de analizarlo. El primer agente es el inversor, el poseedor de dinero que está dispuesto a invertirlo, el segundo es el intermediario, que podría ser un banco, un broker o el administrador de un fondo de inversión y el tercero es la entidad que recibirá el dinero del inversor, el cual podría ser una sociedad que cotiza en el mercado bursátil o extrabursátil, o bien un gobierno.

Acciones: existen varios tipos de acciones que sustancialmente ofrecen derechos al portador o titular de las mismas. Puntualmente analizaremos dos ya que las referidas a votos y decisiones sobre las sociedades no son relevantes al tema en cuestión.

Las primeras son las acciones que podemos comprar y vender libremente en el mercado. Esta práctica es muy común y puede realizarse a través de bancos y brokers muy fácilmente. El objetivo es tan simple como comprar una acción a un monto determinado y venderla cuando el precio sea más alto, la diferencia entre precios será el beneficio que obtendremos. Se puede apostar por una empresa en estas condiciones porque se entiende que la empresa reinvertirá gran parte o todas sus ganancias en la expansión de la misma y eso hará subir el valor de su acción.

Las segundas, aunque técnicamente no existan dos categorías al respecto porque todas las acciones tienen asociado el derecho al cobro de dividendos por poseerlas, podemos discriminarlas porque hay empresas que están comprometidas con esta práctica y otras que no. Se trata de que trimestralmente las compañías dividen el excedente de ganancias entre los tenedores de acciones. El porcentaje que le corresponderá al poseedor es establecido al momento de la emisión de la acción. En este caso podemos comprar las acciones, conservarlas por el tiempo que consideremos apropiado, cobrar los dividendos y vender cuando creamos conveniente. Estas empresas también se expanden. Aunque el valor de su acción no suela ir escalando precios como las que no pagan dividendos y reinvierten todo lo posible en el crecimiento, en comparación con venderla a un precio superior al que la compramos, el beneficio lo obtendremos de los dividendos.

Cuando compramos una acción en una IPO (Initial public offer; Oferta pública inicial, en español) o en una ampliación de capital social, que consta de emitir nuevas acciones posteriores a la IPO, nuestro dinero llega a la empresa, esta lo usará para invertirlo en el crecimiento de la misma y si su proyecto funciona correctamente, el valor de la acción subirá. Nosotros al ser dueños de esa porción de la empresa tenemos la posibilidad de venderla y recuperar el dinero invertido y obtener un beneficio. En caso de que usted esté comprando acciones de otro poseedor, debe saber que no está entregando el dinero a la empresa directamente, sino que el poseedor anterior u otro anteriormente fue el que sí hizo llegar su dinero a la empresa. En esta situación usted está entregando su dinero al poseedor actual de esa acción. Considere que si la empresa no está en una IPO o en una ampliación de capital societario, puede no ser seguro el que la empresa haga una expansión grande próximamente y podría demorar algo de tiempo que su valor suba, ya que ese resultado se dará por otros factores, como la demanda de sus productos o servicios, etc. No obstante, esto es algo favorable si es que la empresa muestra que su capitalización aumenta sin estar emitiendo acciones u obteniendo deuda, y podemos entender que la misma es una empresa exitosa, e invertir en ser dueños de sus acciones es probable que nos asegure retornos en el futuro.

Cabe resaltar que las acciones tienen fluctuaciones de precios por diferentes motivos, y es importante conocer en qué condiciones está la empresa y qué planes a futuro tiene antes de comprometernos con esta.

Respecto de los dividendos esto igualmente es importante, ya que pagan un porcentaje del valor de la acción. Aunque el porcentaje sea el mismo, si el valor de acción baja, también lo hará el pago efectivo de sus dividendos.

Obligaciones negociables: o bonos de deuda emitidos por entidades privadas. Se rigen bajo la promesa de la entidad emisora de retornar su capital más un beneficio extra. Se puede dar por muchos motivos que una sociedad emita este tipo de bonos. En primera instancia por evitar emitir acciones y desprenderse de propiedad de la sociedad para cumplir con sus obligaciones en proceso de transición internos que limitan sus beneficios; en segunda instancia para apoyar un proyecto nuevo con inversiones y no desprenderse de capital interno, poder seguir con un funcionamiento estable, etc.

Bonos de deuda pública: los gobiernos suelen emitir bonos de deuda por diferentes temáticas. Usualmente son dos:

1. Recaudar dinero por déficit, como ha sucedido para financiar guerras, construcciones muy caras las cuales no pueden ser financiadas por el presupuesto nacional, etc.

2. Inyectar dinero para aumentar la base monetaria. Existen varios tipos de bonos gubernamentales, los recaudatorios suelen ser a largo plazo y los que agregaran dinero en el mercado suelen ser a corto plazo. Es habitual que estos títulos de deuda puedan ser comercializados en el mercado a través de brokers, transfiriendo a un nuevo poseedor el título de deuda.

Fondos comunes de inversión: este instrumento funciona como una usina de inversores, un agente que reúne a un grupo de personas que aportan su dinero para que un grupo de profesionales lo administre y genere ganancias. Suelen especializarse en sectores específicos del mercado. Se pueden encontrar de diferentes niveles de riesgo, desde conservadores hasta muy agresivos.

Estas entidades están obligadas a tener a simple vista la información de referencia. Es importante considerar que hay FCI con la capacidad de generar rendimientos a muy corto plazo y otros que deben atravesar períodos más largos por los ciclos del sector en el que operen.

Para satisfacer sus necesidades, es recomendablc informarse bien antes de aportar el dinero para que obtenga los resultados esperados.

Fondos indexados: funcionan de una forma similar a los fondos comunes de inversión, el factor diferenciador con estos es que se guían por un índice y no por un sector. El ejemplo más conocido es el S&P 500 en Estados Unidos que invierte en las 500 empresas de mayor capitalización y siempre se mantiene ahí. Si una empresa que estaba en este top sale de las 500, el fondo indexado retirará su inversión de la misma y colocará otra inversión en la que entró al top 500 como reemplazo. De la misma forma tenemos al segundo más conocido que es el NASDAQ, haciendo que siempre nos mantengamos en función de un indicador.

Estos dos mencionados puntualmente son referencias claras de este instrumento ya que, además de ser muy conocidos en el mundo, nos revelan constantemente como está el mercado. Si el S&P 500 cae es un claro indicio de que el sector productivo de Estados Unidos está perdiendo capacidad, capitalización, o podría estar entrando en recesión, etc. Siempre es bueno tener como referencia este tipo de índices aunque no invirtamos en ellos.

INVERSIONES EN FRANQUICIAS Y BIENES RAÍCES

Ambos modelos de negocios son muy conocidos en el mundo y es por dos motivos: son simples y globales. En todo el mundo existe el mercado de las bienes raíces. Usted puede hacerse de una propiedad, mejorarla y venderla a un precio superior al de la adquisición o arrendarla. Hay lugares donde puede ser más lento o más rápido dependiendo de varios factores pero tarde o temprano algo sucederá que le permitirá obtener ganancias debido a que siempre es necesario un lugar donde vivir, aparcar uno o más coches o establecer un negocio.

Por otro lado, las franquicias conllevan una temática muy sencilla. Una marca que es muy atractiva para el público o los usuarios que lo guiará por el camino de captar clientes en una zona donde no tiene presencia. Todos hemos consumido o lo hacemos en la franquicia de alguna marca, quizá no lo sepa pero esto es muy común. El proceso por el cual debe atravesar para iniciar está sistematizado y solo deberá seguir los pasos indicados. Como la marca se ocupa de proporcionar por igual los productos o servicios que comercializará y el marketing para todos sus franquiciados, invertir en este tipo de sistemas lo hará ahorrar mucho tiempo, ideas y el hecho de enfrentarse a todas las incertidumbres de iniciar un negocio por sus propios medios.

La mayor dificultad con la que nos podemos encontrar es que ambos métodos suelen requerir de cierto monto de dinero que escapa de la posibilidad de varias personas, sin embargo hay formas de empezar con relativamente poco o con apalancamiento.

En todos los casos, y como ya he mencionado antes, es de suma importancia informarse bien antes de comenzar con cualquiera de estas operaciones. Si las franquicias le interesan, las empresas que ofrecen esta posibilidad suelen tener un área de atención al público donde le explicarán a detalle todo el proceso y usualmente lo capacitarán en cómo gerenciar la franquicia ya que es necesario para cumplir con su nivel de calidad estandarizado. Y para el mundo de las bienes raíces existen profesionales. Muchos agentes inmobiliarios estarán dispuestos a ayudarlo o guiarlo en sus primeros pasos si está dispuesto a trabajar con ellos y permitirles ganar comisiones por su trabajo. Sepa que tener aliados cuando no conoce el mercado como un experto, aunque deba pagar comisiones por cada transacción que haga, le permitirá ganar experiencia en el rubro y asegurar que las operaciones se hagan correctamente para evitar problemas en el futuro.

Ahora que sabemos qué sucede con nuestro dinero cuando lo invertimos, le mostraré algunos detalles de qué observar para saber si la inversión que está evaluando hacer realmente tendrá el resultado que está buscando:

1. Sepa quién la ofrece: en primera instancia debe saber si la inversión es de carácter privada o estatal, y esto marca una gran diferencia.

2. Si está evaluando una inversión estatal procure que el beneficio supere la inflación esperada. El pasado no determina el futuro, pero nos permite conocer una tendencia aproximada.

3. Si está evaluando una inversión privada, además de asegurarse que el rendimiento sea superior a la inflación esperada, lea los términos y condiciones, vea a qué se compromete la empresa. Si está empezando evite los riesgos innecesarios.

4. Conozca quién está detrás de la inversión, los CEO, cuáles son sus intereses, en qué está invirtiendo el fondo de inversión o la empresa en la que pretende invertir. Infórmese lo más posible. Las personas tienen una historia, y si han cometido grandes errores o estafas, han de aparecer en las páginas web de los entes reguladores o periódicos.

5. Conozca a los ente reguladores de las inversiones que está evaluando. Manténgase actualizado con las empresas bloqueadas o bajo vigilancia por actividades sospechosas; evítelas.

6. Vea quién respalda la inversión. De ser privada mayormente debería ser un banco o una firma de inversiones muy grande.

7. Si está evaluando invertir el dinero en un banco, vea los montos que este tiene cubiertos por un seguro, el cual pueda reclamar de ser necesario. Invierta hasta ese límite.

8. Lea todo, haga las preguntas que necesite para estar seguro antes de firmar cualquier cosa referida a una inversión.

9. Siempre le dirán que invertir es riesgoso y que debe hacerlo bajo su propio riesgo. Pero hay leyes que lo respaldan. Muchas entidades que están reguladas deben responder ante pérdidas o fraudes. Conozca esas leyes. En todo contrato deben establecerse como contexto legal; si no es así no invierta ahí.

10. Jamás debe avergonzarse por decir *no* ni hacer algo por sentirse presionado porque alguien le insiste. Obtener ganancias es muy lindo pero debe entender que cualquier persona puede decir muchas cosas y no necesariamente estará diciendo la verdad. Siéntase seguro, si no, no invierta. Son sus recursos, únicamente usted sabe cuánto le costó acumular. No los desperdicie. Es preferible invertir de forma conservadora hasta que aprenda más y seguir teniendo todos sus ahorros que caer en la trampa de estafadores por irresponsable.

SISTEMA DE LAS NUEVE CAJAS

Una habilidad que valdrá el esfuerzo desarrollar respecto de sus finanzas es administrarlas con templanza, paciencia y sabiduría. Conocer y entender qué es, cómo funciona y cuánto provecho podemos obtener del dinero y su acumulación como una herramienta para nosotros es de altísimo valor.

El sistema de las nueve cajas que le mostraré no es más que un mero sistema de administración financiera. Sin embargo está diseñado, desde su esencia, para satisfacer los aspectos más fundamentales que, como humanos, necesitamos para visualizarnos como personas venturosas, de camino a la plenitud y grandeza personal.

Caja 1: GASTOS VITALES

Las ganancias obtenidas en esta caja serán las que usted utilizará cada mes para cubrir sus *gastos vitales*. Es del tipo de inversiones de cash flow o flujo de efectivo, preferentemente de liquidez inmediata y muy conservadoras para evitar riesgos. Funcionará con interés simple ya que cada mes usted retirará las ganancias para usarlas.

Caja 2: <u>AHORROS DE RESPALDO</u>

La vida nos presenta eventualidades que requerirán de gastos extraordinarios o quizá un viro repentino que desea hacer. El objetivo de esta caja es que siempre cuente con el auxilio de este fondo para emergencias y que nunca esté en riesgo su sustento o salud. Aproximadamente debe mantener de respaldo el equivalente a los gastos vitales de seis meses.

Caja 3: <u>DEUDA BUENA</u>

La deuda es una parte esencial del crecimiento económico debido a que, como vimos en el capítulo anterior, nos permite ganar tiempo (único factor de la economía que no podemos modificar por no ser artificial). Aprender a gestionarla es de suma importancia. Esta caja estará destinada a ese proceso de aprendizaje, el cual al ser superado, le permitirá seguir gestionando deuda para alimentar las otras cajas. El dinero destinado aquí tendrá que ser un porcentaje de sus ingresos que usted sepa que puede permitirse perder mientras aprende a gestionar. Sin embargo le mostraré las condiciones de la deuda mala y la deuda buena para que usted tenga una referencia y se sienta más seguro.

Deuda mala es toda deuda que consumirá su dinero o su tiempo sin remedio. Es un gasto malo si usted compra algo que no producirá o no le permitirá generar el capital para pagarse a sí mismo, por lo que perderá los recursos y el tiempo que le tomó adquirirlos. Si del mismo modo la compra la realiza con deuda, usted perderá el dinero y además estará embargando parte del tiempo de su futuro. Si a esa situación le suma la obsolescencia programada de las cosas, ya que prácticamente nada hoy se fabrica para durar muchos años, usted irá de compra en compra embargando los próximos años de su vida. A esto se lo conoce comúnmente como la cultura del consumismo. Para las empresas es la forma de asegurar que siempre habrá personas comprando artículos nuevos. La obsolescencia de las cosas no siempre se usa para obligarlo a gastar, sino que en cierto tipo de artículos se usa para darle paso a las actualizaciones más modernas debido a que hay tecnologías que requieren de compatibilidad en gran porcentaje de todo su sistema, y de no hacerse así no podría ofrecerse un servicio de la mejor calidad posible.

Para su economía, hacer uso de los gastos malos o deudas malas compulsivamente, lo llevarán irremediablemente a la quiebra debido al embargo de dinero y tiempo que usted se está propiciando en su futuro. La mora es algo peligroso y puede evitarse siendo consciente y deteniendo el impulso de gastar en cosas inútiles realmente.

La deuda buena, en contraposición, es toda deuda que a usted le permitirá tomar un impulso hacia el futuro. Por ejemplo, si usted toma 100 usd en deuda con una tasa de interés del 5% anual, significa que devolverá 105 usd en un año. Al invertir esos 100 usd en su negocio o cualquier instrumento que le permita multiplicarlo por encima del total a devolver, significa que el dinero se podrá retornar y además le permitirá ganar algo extra. Por lo tanto si usted lo invierte al 10% anual, esto le daría un retorno de

110 usd en 12 meses, pudiendo cubrir los 105 usd de deuda y teniendo 5 usd de ganancia. La caja 4 y 5 de este sistema están basadas en este principio de deuda buena.

Es importante aclarar que en nuestros gastos cotidianos para nuestra calidad de vida, prácticamente todo, desde un punto de vista financiero, es un gasto malo. Como la comida que compramos que nunca podrá pagarse a sí misma y aún así es necesaria para nuestra existencia, lo es también la ropa que vestimos, la cama donde dormimos, incluso la cuchara con lal que comemos.

El dinero es una herramienta que debe proporcionarnos calldad de vida, solo hay que aprender a controlar nuestros impulsos para no destruir nuestro futuro. El equilibrio aquí, y sobre todo a temprana edad cuando uno está empezando, es vital. Realmente hay decisiones que podrían marcar sus próximos 20, 30, 40 o 50 años de forma prácticamente irremediable.

Caja 4: INMUEBLE O BIEN RAÍZ

Es el sueño de muchas personas tener su casa propia. Así mismo es de muchos también el creer que nunca la tendrán. Esta caja estará dedicada a este objetivo. Le mostraré dos estrategias de cómo lograr hacerse con una propiedad y más si así lo desea. En primera instancia hay que tomar dimensión de que hay propiedades con cualidades y precios diferentes. Esto es una gran oportunidad para nosotros. Para evitar supuestos que no representen las posibilidades de todos, pondremos como condición que está caja se alimentará con ingresos de dinero mensuales, y este capital será invertido a interés compuesto para alcanzar números coincidentes con precios de propiedades.

Estrategia 1: supongamos que tiene vista una propiedad valorada en 200.000 usd que le gustaría comprar. La otra opción posible es arrendarla con un costo de 800 usd al mes. Usted posee 40.000 usd ahorrados para comprar su vivienda. Lo que la mayoría de las personas haría es entregar esos 40.000 usd como pago inicial y financiar los 160.000 usd restantes, hipotecando los próximos 30 años. A esos 160.000 usd hay que agregarle los intereses, claro está que ningún banco presta dinero por tanto tiempo gratis.

Ahora imagine lo siguiente: en otras zonas de su ciudad, estado o país, podría haber dos propiedades de 20.000 usd para comprar y arrendar por unos 300 o 400 usd dependiendo del mercado y su estrategia. Hoy un agente inmobiliario puede asesorar con muy poco margen de error sobre el posible precio de alquiler de una propiedad antes de que usted compre la misma. Esto podría calcularse. Quizá también buscar 4 propiedades de 20.000 usd por las cuales usted entregará sus 40.000 usd (10.000 usd por cada una) y el capital restante hipotecarlo. Si de cada propiedad obtuviese unos 300 usd al mes después de impuestos, esto le daría unos 1.200 usd al mes de ingreso, y si la casa que usted quiere alquilar le cuesta 800 usd al mes, todavía le quedan 400 usd para el pago de la pequeña hipoteca que ha adquirido.

En conclusión: no es necesario que la casa donde viva sea de su propiedad. Esto le da flexibilidad, ya que si usted asume una hipoteca grande por un tiempo tan largo debe ser "la casa correcta" porque vivirá ahí prácticamente toda su vida. Sin embargo, al comprar propiedades que para usted representen un módulo de negocio con el fin de generar dinero cada mes, usted está atado a su negocio de alguna forma aunque podrá mudarse cada vez que quiera o seguir comprando propiedades con las ganancias.

Otra opción a analizar respecto de esta estrategia es, si usted no tiene la necesidad de alquilar una propiedad (en el ejemplo dado sería ahorrarse los 800 usd de gasto), seguir acumulando capital e ir comprando propiedades siempre que sea posible. Esto agilizará el proceso de capitalización y flujo de efectivo a un ritmo vertiginoso. Las posibilidades son infinitas. Tal vez al principio tome tiempo, pero luego de unos años, el flujo de efectivo, si se administra bien con los pagos de hipotecas y hace un buen análisis de propiedades (no comprar por impulso), le permitirá analizar opciones más rentables cada vez.

Estrategia 2: supongamos que usted tiene reunidos 100.000 usd. En esta estrategia vamos a apalancarnos de inversiones más tradicionales. El objetivo es simple: según el/los instrumento/s que usaremos para producir ganancias podremos analizar nuestras posibilidades. Por ejemplo, si la rentabilidad sobre nuestro capital es de 10% anual eso nos daría un rendimiento de 10.000 usd. Podríamos evaluar propiedades para comprar como módulo de negocio (casas habitables, tiendas

64

comerciales, garajes, etc.) por un precio modesto, 20.000 usd o 30.000 usd y planificar que, de nuestro capital inicial (100.000 usd) cuánto tiempo produciendo rendimientos debería pasar hasta tener disponibilidad de comprar este tipo de propiedades.

En su defecto, en cuánto tiempo tendríamos disponible lo suficiente para un pago inicial e incluso calcular cuánto podremos pagar de cuota de hipoteca cada mes. Se lo mostraré en un cuadro donde se vea todo junto:

Objetivo: comprar una propiedad por 30.000 en único pago

Año	Capital inicial	% ganancia anual	Ganancia anual	Ganancia mensual	Total cap. acumulado	Ganancia total
1	100.000	10	10.000	833	110.000	10.000
2	110.000	10	11.000	917	121.000	21.000
3	121.000	10	12.100	1008	133.100	**33.100**

Objetivo: hacer un pago inicial de 10.000 e hipotecar los 20.000 restantes en 3 años (cálculo aproximado con números inventados)

Año/mes	Capital inicial	10% ganancia anual	Ganancia por mes	Gasto mensual estimado	Resto
1/1	100.000	10.000	833,3	580,0	253,3
1/2	100.253		833,3	580,0	253,3
1/3	100.507		833,3	580,0	253,3
1/4	100.760		833,3	580,0	253,3
1/5	101.013		833,3	580,0	253,3
1/6	101.267		833,3	580,0	253,3
1/7	101.520		833,3	580,0	253,3

1/8	101.773		833,3	580,0	253,3
1/9	102.027		833,3	580,0	253,3
1/10	102.280		833,3	580,0	253,3
1/11	102.533		833,3	580,0	253,3
1/12	102.787		833,3	580,0	253,3
2/1	103.040	10.304,0	858,7	580,0	278,7
2/2	103.319		858,7	580,0	278,7
2/3	103.597		858,7	580,0	278,7
2/4	103.876		858,7	580,0	278,7
2/5	104.155		858,7	580,0	278,7
2/6	104.433		858,7	580,0	278,7
2/7	104.712		858,7	580,0	278,7
2/8	104.991		858,7	580,0	278,7
2/0	105.260		868,7	580,0	278,7
2/10	105.548		858,7	580,0	278,7
2/11	105.827		858,7	580,0	278,7
2/12	106.105		858,7	580,0	278,7
3/1	106.384	10.638,4	886,5	580,0	306,5
3/2	106.691		886,5	580,0	306,5
3/3	106.997		886,5	580,0	306,5
3/4	107.304		886,5	580,0	306,5
3/5	107.610		886,5	580,0	306,5
3/6	107.917		886,5	580,0	306,5
3/7	108.223		886,5	580,0	306,5
4/8	108.530		886,5	580,0	306,5
3/9	108.836		886,5	580,0	306,5
3/10	109.143		886,5	580,0	306,5
3/11	109.449		886,5	580,0	306,5
3/12	109.756		886,5	580,0	306,5

Estas son solo dos de una infinidad de estrategias que se podrían utilizar en el ámbito de los bienes raíces para ampliar su patrimonio. Mostrarle estos ejemplos es para que comprenda la diferencia entre condenarse 30 años al estancamiento económico o comenzar por un camino que puede ser más laborioso, debido a que tendrá que ponerse en movimiento, aprender y hacer contactos nuevos para impulsar sustancialmente sus finanzas. Es válido remarcar que en la actualidad hay plataformas y empresas que son capaces de asesorarle y/u ofrecerle servicios que podrían acelerar este proceso: alquileres temporarios, inversión en pozo, propiedades de inversión en condominios. Busque toda la información posible, lea todo, pregunte hasta el cansancio si es necesario e invierta donde realmente sienta que es correcto y puedan asegurarle el retorno de su inversión y las ganancias.

Caja 5: <u>VEHÍCULO</u>

Así como para la mayoría de las personas la compra de una propiedad es la compra más importante que harían en su vida, el vehículo en el que se desplazarán es la segunda compra más relevante. Por ese motivo es que existe la caja número cinco. Cuando hablamos de capacidad de gasto y capacidad de ahorro, el ejemplo que dí fue sobre la compra de un vehículo. Como verá, financieramente hablando, hacerse con un medio de transporte tampoco es algo que debe tomarse tan a la ligera, sobre todo si usted está comenzando en la vida adulta.

Aquí hay una sutil diferencia con los bienes raíces, los vehículos usualmente pierden valor con los años. Por eso es importante que comprenda que en el momento de comprar uno hay algunas cosas que analizar, sobre todo respecto de los gastos que este le generará en el futuro. El dinero que usted disponga a esta caja también ha de ser invertido y con las ganancias lo comprará. Puede tomar parte del capital, pero debe calcular que el dinero que quede como capital invertido para seguir generando ganancias cada mes ha de producir lo suficiente para que mensualmente le permita cubrir los gastos asociados, como los de circulación, seguro, averías mecánicas.., incluso debería de quedar un remanente que le permita acumular lo suficiente para que al cabo de unos años de uso usted pueda, con ese extra, actualizarlo a un modelo más moderno.

Es claro que el primero será el más complejo de comprar debido a que no tendrá un capital inicial (vehículo anterior) que aminore el gasto total a realizar. Así que puede empezar con alguno de poco valor. Debe asegurarse que sea de buena calidad, esté en buenas condiciones y tenga valor de reventa. Ya habrá tiempo para vehículos exclusivos. Si desea realmente tener una buena movilidad en el futuro y poder permitirse algunos vehículos coleccionables debe empezar correctamente. Cuando digo vehículo me estoy refiriendo a todo medio de locomoción, incluso barcos y aviones. Si se toma esta caja con la rigurosidad que merece podría llegar muy lejos.

Le dejaré las siguientes interrogantes para que las analice por su cuenta:

¿Sabe cuánto cuesta un pequeño velero en el que podría llevar 5 o 10 pasajeros que pagarían por un paseo tranquilo?

¿Sabe cuánto cuesta una avioneta para alquilarla a personas que deseen aprender a volar?

¿Conoce el negocio del paracaidismo?

¿Conoce el negocio de la pesca deportiva de embarcación?

Las posibilidades son tan amplias y para muchas se requiere transporte. No solo se trata de que usted tenga un coche o una motocicleta bonita para moverse por su ciudad o hacer un viaje a la playa o montaña. El transporte siempre ha sido un negocio y siempre lo será.

Caja 6: DESCANSO

Este será el espacio zen de sus finanzas. Producir, conservar, invertir y hacer crecer su patrimonio es algo que le asegurará una gran calidad de vida si entiende que usted debe procurársela. Como ya he mencionado antes, ser próspero financieramente es un estilo de vida y esto no se trata de ocupar todas las horas de cada día con enfoque voraz en el dinero, sino que conocer todo lo posible sobre este, usarlo a su favor y hacerse de recursos, es una herramienta de camino a la prosperidad que está persiguiendo. Claramente, fuera de toda banalidad, su objetivo está en usted, en su salud, su cuerpo, su mente, su estado anímico, etc. Con dinero puede ocuparse de costear los tratamientos, alimentos, prevención y todo lo necesario para tener un cuerpo saludable, como también vivir en un lugar mejor y más acorde a la compañía que está buscando o modificar su entorno hasta que se vuelva menos nocivo. El descanso, el ocio y la recreación son sumamente necesarios, viajar, conocer lugares nuevos, caminos nuevos, culturas, personas y más.

El dinero destinado a esta caja para permitirse todos los eventos suntuosos de sus experiencias futuras, ha de acumularse e invertirse, bien diversificado, para permitirle tener un flujo de dinero al año o varias veces al año dependiendo de su capital, ya que para poder sostener esta caja en el tiempo se requiere que usted gaste solo las ganancias, dejando que el capital invertido siga generando utilidades en el tiempo.

Caja 7: CAPACITACIÓN

Estamos en la era de la información porque la humanidad ha entendido que el acopio y el uso de datos es el recurso más valioso en la generación y transformación de la realidad y objetivos. Asegurarse de seguir creciendo en nuestro intelecto es, por defecto, el equivalente a que nuestras posibilidades crezcan en paralelo, incluso exponencialmente. El dinero que usted decida dirigir hacia esta caja, el cual invertirá para obtener rentabilidades que le permitirán costear cursos, libros, o la misma universidad, será el que le permitirá construir este sistema con menos errores cada día, cada mes y cada año. La mejora en la calidad de su conocimiento será el equivalente a la mejora en su calidad de vida. Permítame asegurarle algo, la primera y mejor inversión que podría hacer con esta caja es aprender a aprender, por lo demás, persiga sus intereses personales, si no ama lo que aprende lo más probable es que lo abandone rápido.

Esta caja igualmente puede evaluarse y diseñarse para que pase de generación en generación. Desde un principio usted podría preparar todo para costear la universidad de sus hijos, nietos, etc y enseñarles cómo hacerlo para que las siguientes generaciones sigan nutriendo sus cerebros y abriéndose puertas en el camino de la vida.

Caja 8: INVERSIONES EN MONEDA LOCAL

En este fondo le recomiendo que use todos los recursos que su país le ofrezca. Su moneda local usted la conoce mejor que cualquier otra, la historia de la economía de su país y todas las oportunidades que ofrece el gobierno y el sector privado para invertir. Aproveche todo ese conocimiento y explótelo al máximo posible. Este fondo es para correr riesgos y probar inversiones nuevas. También para prepararse para el futuro, usted cuenta con la ventaja de que estará moviéndose en un terreno relativamente conocido. Aunque seguro entiende que el mundo es vasto y si realmente desea crecer y asegurar una diversificación satisfactoria para su economía, aprender a invertir en el ecosistema global será vital. Con las ganancias generadas aquí puede/debe hacer crecer el capital de las otras cajas para acortar tiempos.

Caja 9: <u>INVERSIONES EN MONEDA EXTRANJERA Y/O CRIPTOMONEDAS</u>

Como dije hace un momento, el mundo ofrece amplia variedad de oportunidades y para realmente crear un sistema financiero propio que le permita sostenerse en el tiempo, ha de salir a buscarlas. El dinero de esta caja también correrá riesgos y le permitirá aprender mucho de las finanzas globales. A su vez el network que usted desarrolle, lo que usted pueda aprender de otras culturas, de otras personas o de otro tipo de inversiones, podría darle un plus que le permitirá aprender a leer las tendencias mientras estas se gestan y no lo tomen por sorpresa. Como un surfista que aprende, con el tiempo, qué tipo de ola se está formando para decidir, prepararse y disfrutar de montarla, en vez de que la ola lo golpee y lo tiré de su tabla por no haberse colocado en el lugar y de la forma apropiada a tiempo.

Si logra crear una relación sana entre las cajas 3, 6 y 9 realmente habrá llegado a un nivel de desenvolvimiento personal y financiero que muy pocas personas logran en el mundo.

Como puede ver, el sistema de las nueve cajas está elaborado para permitirle tener tranquilidad y evitará muchos errores además de tener el control. Sabrá exactamente dónde está el dinero para cada cosa con solamente unos papeles que le indiquen la estructura de cada inversión y a qué caja corresponde. Permítame explicarle por qué hacerlo así. Cuando me refiero a crear cajas diferentes no me refiero solo en el papel,

72

sino realmente invertir en instrumentos financieros diferentes. No es lo mismo un fondo común de inversión de liquidez inmediata en su rentabilidad que un fondo común de inversión de fondos congelados por un año. Pagará más, y si usted realmente no va a necesitar ese dinero, mejor aprovechar ese extra de ganancias. Tampoco es lo mismo comprar bonos del gobierno que tienen fechas de pago que comprar acciones para reventa o acciones que pagan dividendos trimestrales.

El otro motivo por el cual diferenciar las cajas es el de rotular el capital. Cuando usted destina recursos a la compra de una casa y está en su mente muy claro que ese dinero es para comprar el hogar donde vivirá con su familia, no lo destinará a otros fines que puedan perjudicar el futuro de sus finanzas y seres queridos.

Contemple que muchas operaciones deben formar parte de su declaración de impuestos, por lo que le aconsejo consultar el detalle impositivo con un profesional para así evitar multas o malos entendidos con el fisco. Es posible que las inversiones sean algo nuevo para usted y al principio puede que no sea consciente de todo, pero si usted está generando ganancias, es mejor prevenir que lamentar.

PRESUPUESTO Y GESTIÓN HOGAREÑA

PRESUPUESTO DE FINANZAS DEL HOGAR

En esta sección quiero aportar algunos ejemplos de cómo diseñar diferentes tipos de presupuestos para que pueda llevar adelante un programa más controlado con herramientas, que aplicadas, podrían ser muy útiles para alcanzar sus objetivos financieros.

Lo primero que debe tener en cuenta es el tipo de ingreso que tiene, ya que es esencial para determinar un plan realizable. Tenemos tres tipos: ingreso fijo, ingreso mixto entre fijo y variable e ingreso variable. Estos tipos de ingresos se ven determinados por la/las actividad/es que realice y cómo logra hacer dinero:

- Un ingreso fijo, el más común, es por medio de un trabajo. Cada quincena o cada mes usted recibe un dinero a cambio de sus horas laborales.
- Un ingreso mixto sería, por ejemplo, si tiene un trabajo part-time y eso le genera un ingreso fijo cada quincena o cada mes, y adicional a eso, tiene un ingreso variable proveniente, por ejemplo, de un pequeño emprendimiento propio o si tuviera un contrato laboral con una base mínima (fija) y extras por desempeño o tareas cumplidas.

También esto podría darse si trabaja en el área de ventas. Se le pagará un porcentaje de sus ventas realizadas en un periodo de tiempo comprendido.

- Y por último el ingreso variable podría darse en diferentes escenarios, ya sean trabajos esporádicos, un contrato específico de cobros por tareas realizadas, también en el área de ventas, o si su único ingreso dependiera solo de un negocio propio que puede, (según la época del año, el país donde se encuentre o el rubro del negocio) variar su flujo de ingresos.

Empecemos por lo más simple: **ingreso fijo**.

El desafío con el que muchas personas se encuentran es que creen que por tener un empleo no podrían ser inversionistas nunca y justamente en la primera parte de este libro le propuse romper con ese mito. Así que le expondré cómo: realmente tener un ingreso fijo proveniente de un salario sería uno de los panoramas más alentadores para comenzar a ser inversionista.

Si no tiene mucho conocimiento financiero, la ventaja es que puede planificar completamente qué hacer con su salario (ya que conoce la cifra exacta que recibirá cada mes y la información es aquí vital). Por otro lado, a pesar de sus intenciones, debe saber que ha de sacrificar el gozo hoy para poder disfrutar mucho más posteriormente, pero lo positivo de que tenga un empleo es que se mantendrá ocupado bastante tiempo al día, horas en las que no se dedicará a gastar el dinero que genera y es un factor vital en la aplicación de este tipo de presupuesto. Con este tipo de ingreso podría utilizar los presupuestos de ejemplo en el capítulo

ACUMULAR que funcionan perfectamente, aunque en vez de usar porcentajes podría ejecutar un presupuesto con montos fijos. Por ejemplo: cada mes ahorraré para invertir 100 usd o 200 usd. Puede personalizarlo a su gusto.

En el caso de tener **ingresos mixtos** es un poco más complejo pero no por ello imposible. Lo veremos a continuación: imaginemos que tiene un trabajo part-time donde cobra unos 600 usd al mes y el resto del día tiene un emprendimiento de ingreso variable. Lo primero que ha de conocer son sus gastos, y permítame recordarle: la información es un factor fundamental aquí. Exprese toda la información que pueda a la hora de hacer su presupuesto. Suponiendo que sus gastos fijos se ven comprendidos por alquiler, telefonía e internet, servicios vitales, comida y transporte:

Alquiler: 300 usd

Telefonía e internet: 40 usd

Servicios vitales (gas, electricidad y agua): 120 usd

Comida: 350 usd

Transporte: 100 usd

Total de gastos fijos vitales: 910 usd

Si tiene **ingresos variables**, le recomiendo fervientemente que tenga una hoja de balance de su cashflow y actualizarla cada día sería lo mejor que puede hacer, ya que es la forma en la que tendrá una lectura clara y mayor comprensión de sus finanzas. En este ejemplo mencionamos que su ingreso fijo es de 600 usd.

El resto de sus gastos han de cubrirse con sus ingresos variables que deberían de ser, al menos, de 310 usd. Si este tiene altibajos muy bruscos (ya que podría variar mucho por temporadas), le recomiendo que tenga un fondo de contingencia o seguridad de, al menos, 6 o 12 meses. Pero si su ingreso variable es próspero y está relativamente estabilizado podrá proyectar aún mejor. Le mostraré:

	Ingreso fijo	Ingreso variable	Gastos fijos	Balance	Ahorro fondo de contingencias (50%)	Ahorros para inversiones (50%)
Mes 1	600	310	910	0	0	0
Mes 2	600	450	910	140	70	70
Mes 3	600	490	910	180	90	90
Mes 4	600	400	910	90	45	45
Mes 5	600	560	910	250	125	125
Mes 6	600	350	910	40	20	20

Si sus gastos fijos se mantienen en un monto aproximado, regularmente podría calcular de cuánto debería ser su fondo. En este caso si se siente cómodo o seguro con un fondo que lo pueda cubrir por 6 meses, el monto sería: 910 x 6 = 5.460.

Una vez alcanzada esta cifra en la tabla donde llevará un control de sus finanzas, podría ajustarla a la inflación mensual en su país. Por ejemplo: si se calcula que en su país hay un 2% de inflación mensual, debería de calcularla de la siguiente manera:

5460 x 0.02 (2%) = 109.2, y ese es el monto que debería de agregar. De esta forma nunca perderá dinero por la devaluación de la moneda en la que está creado este fondo. Si quiere ser más precavido puede agregar un 1% extra. En este caso se debería calcular un 3% total a agregar cada mes: 5460 x 0.03 (3%)= 163.8.

Considere también que este fondo de seguridad podría estar respaldado en otra divisa más fuerte pero de fácil acceso, ya que debe poder hacerse de ese dinero rápidamente si es requerido. De esta forma podría aumentar el porcentaje de ahorros para inversiones a su máxima expresión y comenzar a invertir para que su dinero trabaje para usted.

Observe lo fácil que es esto con un simple control y ajuste de sus finanzas personales, ya que tiene la Caja 2 funcionando (el fondo de seguridad) y la Caja 1 comenzando a funcionar (las primeras inversiones para cubrir sus gastos fijos). Mientras el fondo para contingencias se va acumulando mes a mes (como dice en la Caja 2 del programa de las 9 cajas), podría invertirlo en una herramienta de liquidez total e inmediata y así estar cubriéndose de la inflación por sí solo. Quizá el instrumento que elija no supera la inflación. Aún así es bueno; quizá ese monto que deba adicionar cada mes para ganarle a la inflación se vea reducido y será menos dinero que debe quitarle a otra cosa para mantener este fondo en condiciones apropiadas para que no pierda valor.

Si su ingreso es variable completamente puede que sea aún más complejo llevar un control riguroso. Requerirá de mayor control de sus finanzas personales pero, evaluando el tipo de ingreso variable que tenga, podría ser una gran ventaja.

Si tiene un ingreso variable porque hace trabajos esporádicamente, propóngase aumentarlos, de esa forma mejorará sus ingresos.

Si el caso es que está estudiando o cuidando de sus hijos o algún familiar y parte de sus días los tiene comprometidos y no puede trabajar, evalúe hacer labores de mejor calidad y mayor pago para las horas que tiene disponible y así generar ingresos. Podría tomar el mismo tiempo cortar el césped de un jardín que hacer un trabajo de traducción como freelancer. Sin embargo, la traducción se pagará más.

Tome lo que es bueno, vuélvase un experto y ofrezca un servicio que pueda cobrar más caro, así maximizará sus horas laborales.

Si su ingreso depende de la venta de algún producto, busque la forma de hacer que su producto sea más valioso o encuentre un target que esté dispuesto a pagar más por sus productos. Siempre puede montar una tienda en línea y que su negocio produzca ventas incluso mientras duerme.

Para el caso, la tabla sería la siguiente:

	Ingreso fijo	Ingreso variable	Gastos fijos	Balance	Ahorro fondo de contingencias (50%)	Ahorros para inversiones (50%)
Mes 1	0	1050	910	140	70	70
Mes 2	0	1200	910	290	145	145
Mes 3	0	1360	910	450	225	225
Mes 4	0	950	910	40	20	20
Mes 5	0	1200	910	290	145	145
Mes 6	0	1100	910	190	95	95

La temática de cómo administrar el dinero es la misma que en el caso de ingresos mixtos. Al alcanzar el monto con el que se sienta cómodo con el fondo de contingencia debe ajustarlo a la inflación de su país.

¿Qué sucede cuando mi Caja 1 alcanza a generar cada mes el equivalente a mis gastos fijos? El objetivo fundamental de todo el programa de las 9 Cajas es ese. Si llegó hasta aquí siéntase orgulloso, no todos estarán dispuestos a hacer el esfuerzo que eso requiere. Celébrese; se cumplió a usted mismo. Pero veamos cómo proyectar a partir de ahí: procure que el ingreso de la Caja 1 supere al menos en un 10% sus gastos fijos. Siguiendo con el ejemplo: si sus gastos fijos son de 910, la Caja 1 debería generar cada mes 1.001. Esto se calcula de la siguiente forma: 910 x 1.1 = 1.001. En este ejemplo calcularemos con un 2% de inflación mensual para contemplar esa variante

Mes	Ingreso fijo por Caja 1	Ingre. varia-ble	Gastos fijos	Balance	Caja 2 (caja de contin-gen-cias)	Nuevo balance	Ahorro para inver-siones Caja 1 (50%)	Caja 3 (50%)
Mes 1	1001	1050	910	1141	163.8	972.3	486.15	486.15
Mes 2	1031	1200	928.2	1302.8	168.7	1133.3	566.65	566.65
Mes 3	1062	1360	946.8	1046.3	173.8	872.5	436.25	436.25
Mes 4	1093.8	950	965.7	1078.1	179	899.1	449.55	449.55
Mes 5	1126.6	1200	985	1341.6	184.5	1157.1	578.55	578.55
Mes 6	1160.4	1100	1004.7	1255.7	189.9	1065.8	532.9	532.9

En paralelo usted tendría en la Caja 2 un fondo de 6 meses sobre sus gastos fijos:

Mes	Capital Caja 2	Ajuste por inflación (3%)	Balance
Mes 1	5460	163.8	5623.8
Mes 2	5623.8	168.7	5792.5
Mes 3	5792.5	173.8	5966.3
Mes 4	5966.3	179	6145.3
Mes 5	6145.3	184.5	6329.7
Mes 6	6329.7	189.9	6519.6

También debería de tener una hoja de control o balance digital de su Caja 1 ya que es un fondo que ha de controlar y hacer algunos ajustes periódicamente. Recuerde que esta es capital invertido el cual sus ganancias servirán para cubrir sus gastos fijos, pero al seguir inyectando dinero cada mes, en algún momento producirá más dinero del que necesita para cubrir sus gastos fijos. Y aquí es donde muchas personas se enfrentan a una decisión que podría marcar su futuro: o aumentan sus gastos fijos ya que pueden cubrirlos o siguen manteniendo un estilo de vida simple, sin necesidades pero modesto, para hacer que sus números sigan creciendo.

Si considera que la estabilidad a largo plazo es la mejor opción, es la forma correcta de ejecutar este plan y las ganancias extras de la Caja 1 han de hacer interés compuesto por un tiempo. Por eso en las tablas que acabo de mostrarle como ejemplo solo se ve aumentado el monto que dispondrá de esas ganancias debido al ajuste por inflación que haremos cada mes, ya que nuestros gastos subirán proporcionalmente.

Cuando el monto que genere su Caja 1 supere en 2, 3 o 4 veces los gastos fijos que cubren su estilo de vida, debería poder permitirse elevarlo, ya que su capacidad de gastos habrá aumentado considerablemente, y como he mencionado anteriormente, el dinero ha de gastarse también. Para eso se produce. Pero recuerde, mantenga sus números bajo control. No obstante, si está buscando hacerse a sí mismo, desea comprar una propiedad raíz, un vehículo o invertir en algún negocio, ese excedente podría ir hacia otras cajas para aligerar el paso. Yo le ofrezco una guía pero usted puede personalizar todo esto a su gusto, de eso se trata. ¡Viva libre, feliz y rico!

GESTIÓN DE GASTOS DEL HOGAR: STOCK HOGAREÑO

Si la economía de su país cambia vertiginosamente o está en crisis, o por si acaso, quiere llevar esto al extremo o tiene deudas por pagar, una gran forma de ahorrar dinero es una muy buena gestión de stock hogareño. ¿De qué trata esto?

Todos los hogares tienen gastos mensuales en consumibles, comida, artículos de limpieza, ropa, etc. Pues bien, si en su país hay gran inflación puede ser algo que use a su favor. Compre al por mayor consumibles no perecederos. Aquí un ejemplo simple aplicando una inflación de 2% mensual compuesta:

Mes	Consumible 1	Costo	Costo habitual
Mes 1	Compra x 6 meses	50 usd x mes	50
Mes 2			51
Mes 3			52.02
Mes 4			53.06
Mes 5			54.12
Mes 6			55.2
Subtotal		**300**	**315.4**
Mes 7	Compra x 6 meses	56.3 usd x mes	56.3

Mes 8			57.4
Mes 9			58.6
Mes 10			59.7
Mes 11			60.9
Mes 12			62.2
Subtotal		337.8	355.1

Esta parece una pequeña diferencia, pero este ejemplo es sobre 1 solo artículo. Imagine hacerlo con 3 o 4 artículos a la vez, y al mes siguiente con otros 3 o 4 y así sucesivamente. Si hace una lista de sus consumibles y la divide entre 6 meses, puede crear un ciclo que le hará ahorrar muchísimo dinero, el cual podrá invertir, pagar deudas, o usarlo para lo que guste. Si no desea invertir esto de todas formas le servirá a cualquier persona.

También considere que comprar al por mayor le permitirá hacer menos viajes por compras, ahorrar en combustible, e incluso si compra en una tienda que venda al por mayor habitualmente son más económicas. Calcule su consumo por seis meses, haga un plan y sígalo, tendrá grandes resultados. Cada cosa cuenta y usted lo vale.

2

SOBRE NEGOCIOS

UN GRAN SALTO

En el final del capítulo anterior pudimos ver que existen 3 tipos de ingresos: fijo, mixto y variable.

Los negocios, por excelencia, entran en la categoría de mixta y variable. Quiero mostrarle cómo podría potenciar todo este plan financiero con uno, desde cómo iniciar hasta cómo crear un sistema de excelente funcionamiento que le proporcione ingresos constantemente. Si se está preguntando por qué le hablo sobre negocios en este libro, comenzaré con la siguiente comparación.

DIFERENCIA DE INGRESOS POR INVERSIONES E INGRESOS DE NEGOCIOS

Para obtener el mejor resultado posible primero debemos saber sobre los ingresos provenientes de las inversiones o el crecimiento financiero que estas pueden ofrecer, son estos dos puntos claves:

1. Si cuenta con poco capital inicial y quiere ir rápido hacia su objetivo ha de correr riesgos. Las inversiones de alto rendimiento mayormente conllevan un riesgo equivalente.

En contraposición, si desea correr menos riesgo y opta por avanzar a paso seguro, los instrumentos más conservadores ofrecen rentabilidades más bajas; por ende, ha de contar con un gran capital. Usted decidirá cual de estos métodos de crecimiento tomará, pero yo intentaré guiarlo por la opción más segura. Para simplificar estos conceptos:

Menor riesgo = menos porcentaje de ganancias = crecimiento más lento de su capital. (Requiere de más capital para crecer rápido).

Mayor riesgo = más porcentaje de ganancias = crecimiento más rápido de su capital. (Requiere de menos capital para crecer rápido, pero puede perder gran parte o todo su capital).

En conclusión podríamos decir que si desea crecer de forma segura y tiene pocos recursos para empezar, el proceso será lento. Sin embargo, los negocios que son de carácter escalables pueden, en corto plazo, expandirse sustancialmente y quiero mostrarle cómo apalancarse de esto para maximizar el tiempo si desea ir más rápido.

2. Periódicamente la economía se ve envuelta en caos y crisis. Tenemos dos opciones para enfrentar esto: llegar con la mayor liquidez posible para comprar activos en el punto más barato de la crisis o en su defecto, las inversiones correctas y los negocios bien preparados son

la mejor opción. Puedo afirmarlo basándome en algo muy simple: cuando el mundo está en crecimiento, en el mercado se crea valor continuamente, se expande la deuda y los intercambios de valores. El dinero se pone en movimiento y crea más valor en forma de dinero y bienes. Es aquí donde ambos métodos para generar ganancias podrán crecer a gran ritmo. Es fácil ganar en inversiones con este panorama, y si tiene un negocio respaldado por un buen servicio o un buen producto, crecerá también.

En contraposición, cuando la economía del mundo está contrayéndose, la deuda es cara e incluso podría perderse valor, las divisas se devalúan, las mejores inversiones que puede hacer son en las que debe tomar dinero de alguien que lo pierda, porque el valor se vuelve finito y se distribuirá. Quien esté dispuesto a ganar encontrará a alguien que esté dispuesto a perder y tomará su dinero. Quien no cuide de sus inversiones, la información que tiene o simplemente no sepa que está sucediendo, perderá sin duda también. Por tanto, el mundo de las inversiones se vuelve más hostil, y por defecto, más competitivo. Si sucede que usted es el perdedor en estas apuestas, podría perder grandes cantidades de dinero.

Por otra parte, una crisis siempre será una gran oportunidad para que un negocio prospere. Así como el mercado se contrae y empresas con compromisos que no pueden cumplir caen o son deficitarias (incluso también muchos gobiernos). Estos organismos que no se prepararon para una crisis de forma apropiada nos abren los caminos para entrar al mercado y satisfacer necesidades de potenciales clientes que nos producirán grandes ganancias.

¿QUÉ ES UN NEGOCIO?

En su definición más simple, es una organización compuesta por personas con fines de lucro. Profundizando en esta interrogante, podríamos definirlo de una forma más primitiva y fundamental diciendo que son personas al servicio de otras personas solucionando problemas ajenos que, por diferentes motivos, los clientes no están dispuestos o no pueden resolver por sus propios medios. Sin embargo, están dispuestos a hacer un intercambio de valor por las soluciones ajenas.

Basados en este principio, le recomiendo que contemple profundamente si está dispuesto a estar al servicio de otros, porque es ahí donde radica uno de los motivos por lo que muchos negocios fracasan. Esto no significa que usted se vuelva un esclavo de nadie ni que el cliente siempre tenga la razón. La relación más sana que puede existir entre un emprendimiento y su target es que el negocio tiene la capacidad de ofrecer ciertos bienes o servicios y el cliente lo tomará si lo considera apropiado. De no serlo, entonces ese cliente no era para usted. Llegará otro que sí lo será. Es acertado decir que, al principio, una organización se beneficiará mucho si se enfoca en ofrecer pocos servicios o productos a las personas correctas. Existen muchos tipos. Empecemos por lo más básico: *diferencias entre Negocios de Productos y Negocios de Servicios*.

Saber qué tipo tiene o quiere iniciar es fundamental. Estos se diferencian mucho, por lo que requieren de planificaciones, capital inicial, calidad y cantidad de clientes diferentes. Todos los negocios usan bienes y servicios para su funcionamiento u ofrecen ambas cosas, pero la diferencia radica en la predominancia y especialización de una de estas opciones. Veamos en qué se diferencian:

NEGOCIOS DE PRODUCTOS

Son aquellos que manipulan bienes y obtienen ganancias por ello. Hay una amplia variedad y podríamos agruparlos de la siguiente forma:

a) *Productores de materias primas.*

Gracias a los productores de materias primas se pueden crear productos, desde los más simples hasta los más sofisticados. Son la base fundamental de toda esta cadena productiva de negocios. Aquí podemos encontrar a todos los productores de commodity y pre-productos. Por ejemplo: una organización que se dedica a la extracción de petróleo. Su inversión inicial ha de ser en la compra o arriendo de la tierra, la maquinaria especializada y la contratación del personal capacitado para la tarea.

El producto a vender sería el crudo de petróleo. Aquí ha de contemplar financieramente lo siguiente: el precio del barril de petróleo debe ser superior al costo de obtención del mismo; ha de calcular cuánto porcentaje de ese barril corresponde a la compra o arriendo de la tierra, cuánto a la amortización de la maquinaria especializada, cuánto al pago de los operarios, cuánto al transporte del crudo y cuánto es el porcentaje de ganancia entre otras cosas.

De la misma forma podríamos calcularlo con los pre-productos. Esta rama proviene mayormente del reciclaje. Por ejemplo, una organización que obtiene plásticos, los muele y crea trozado de PET, luego lo vende a fábricas que utilizan este pre-producto para elaborar un producto mucho más sofisticado. El cálculo financiero es bastante similar al anterior.

b) *Productores manufactureros.*

Son el segundo eslabón de la cadena de elaboración de productos. Su negocio consiste en tomar los commodity y/o pre productos, y a través de la transformación de estos, elaborar un producto más sofisticado para luego insertarlo en el mercado. Comúnmente se producen en grandes cantidades y podrían subdividirse en muchísimos rubros.

c) *Distribuidores.*

Son el último eslabón de la cadena de los negocios de productos.

- *Intermediarios mayoristas:* este rubro, dentro de la cadena de suministros, es el vínculo entre los fabricantes y los negocios minoristas. La inversión requerida suele ser muy grande ya que compran en volumen y venden en porciones. También son conocidos como traders.

- *Intermediarios minoristas*: cumplen una función muy similar a los mayoristas. Son clientes directos de estos y su función es hacer llegar los productos del mayorista al consumidor final obteniendo ganancias por ello. También pueden ser llamados traders o comerciantes.

NEGOCIOS DE SERVICIOS

A diferencia de los negocios de productos (aunque están estrechamente relacionados), son aquellos en los que se gana dinero, mayormente, con habilidades propias por las que otros están dispuestos a pagar realizando algún trabajo para el cliente. Existen tantos rubros como necesidades por cubrir que tengan las personas. Englobando podríamos llegar a la siguiente selección:

Servicios domésticos: los servicios referidos al cuidado, mantenimiento y uso habitual de un hogar.

Servicios alimentarios: son todos los empleos relacionados con la industria restaurantera y la hostelería, derivados y similares.

Servicios de mano de obra: mayormente se trata de servicios donde se trabaja con el cuerpo. Podría ser en una línea de montaje, en la construcción, desplazamiento de materias primas desde su lugar base a los transportes correspondientes, etc. Existen infinidad de rubros donde la mano de obra es requerida.

Servicios de ingenio: en este rubro podríamos aglomerar a todas esas profesiones donde las habilidades mentales son las más fuertes y predominantes, tales como la arquitectura, las ingenierías, analistas, marketing y publicidad, logística, asesoramiento, etc.

Servicios de educación: sabemos que para adquirir cualquier habilidad se requiere de experiencia e información. Esta última, como tal, podría decirse que es experiencia analizada y expresada que facilita la capacidad de absorción de experiencias ajenas. Aquí entran todos los tipos de servicios educativos. Allí donde pueda tomar información es donde un educador prestó su servicio.

Servicios de transporte: siempre ha sido esencial para proveer a los seres humanos a lo largo del mundo de nuevos bienes y *servicios.*

Servicios profesionales: son aquellos servicios los cuales requieren de un título que avale el conocimiento que utilizarán para desarrollar su actividad en cuestión. Por ejemplo: un contable, un abogado, etcétera.

Servicios médicos o del cuidado de la salud: aquí podemos encontrar a todo el personal médico, a los doctores, dentistas, cosmiatras, entrenadores personales, etc. Todo lo referido al rubro del culdado de la salud.

¿CÓMO DEFINIR EL NEGOCIO CORRECTO PARA NOSOTROS?

Es importante, cuando decida emprender o iniciar un negocio, que determine los límites. Si está basado en conceptos básicos y simples de asimilar le será más sencillo dirigirlo y alcanzar el objetivo esencial: ganar dinero. Por ejemplo, si comienza un negocio en el sector del calzado, procure ser específico, no venda cosas de otros rubros. Especializarse en algo puntual le permitirá volverse un experto en esa área, ser reconocido por ese motivo y al momento de administrarlo será más fácil de coordinar debido a que no tendrá tantas partes, productos, procesos, proveedores, etc. Únicamente atenderá lo mismo cada vez. Esto aliviará sus tareas como líder.

Para este proceso he desarrollado un *sistema de filtrado* que es infalible siempre que sea sincero con usted mismo. Lo primero que ha de comprender es que tenemos todas las puertas abiertas, podemos iniciar o alcanzar cualquier negocio y de las dimensiones que queramos, ya que nuestras posibilidades, aunque a veces no lo parezcan, son infinitas.

Es importante que respete el orden en que aplicará los filtros, ya que descartando todo lo que no desea, se encontrará con el negocio ideal para usted.

Filtro 1. VALORES MORALES

Si únicamente persigue el dinero le aseguro que no lo encontrará. Con total sinceridad, el dinero ha de llegar a usted como un río imparable si aplica este filtro. Déjeme explicarle: los humanos tomamos decisiones que tendrán impacto en nuestro presente y futuro en función de nuestros valores. Cada persona tiene su propio esquema de estos. Ir en contra de su propia moral le pesará en la conciencia a tal punto que no podrá rendir muy bien en su negocio; en consecuencia, no estaría obteniendo el máximo rendimiento posible. Sea sincero.

Mi lista de valores cuando diseño cualquier proyecto, así como este libro, es breve. Este filtro es el que uso para tomar todas las decisiones en mi vida, aún las más sencillas. Esos valores son:

- *¿Esta acción me hará mejor?* Podría ser mejor en materia de salud, de sociabilidad, de finanzas, etc. Lo importante es que lo haga, según sus propios parámetros, ser mejor.

- *¿Esta acción podría, además, beneficiar a otras personas?* Una vez que sepa que lo que hará le resultará positivo, podría preguntarse si también podría beneficiar a otras personas de su entorno o desconocidos. No quite la

100

oportunidad de beneficio ajeno si usted ya está siendo beneficiado.

- *Además de beneficiarme yo y algunas personas ¿esta acción tendrá un impacto positivo en mi comunidad?* Depende de todos nosotros la calidad de la comunidad en la que vivimos. No hará esto para ser un héroe, pero sí puede aportar algo positivo mientras se beneficia de forma directa. Indirectamente tendrá más beneficios.

- *¿Puedo sentirme orgulloso de mí mismo en función de mis valores al realizar esta acción?* Como mencioné anteriormente, cada uno de nosotros tenemos valores predominantes propios, básese en esos valores.

- *¿El/los beneficios obtenidos con esta acción son duraderos en el tiempo?* Deje su huella allá a donde vaya, no para que vean que fue usted, sino para que vean que si alguien pudo, otros también. Y permítame asegurarle algo, las cosas provisorias no funcionan. Las acciones que sigan generando el mismo impacto que el primer día valen más que el esfuerzo que implica hacerlas.

Filtro 2. CAPACIDADES

Usted se conoce. A lo largo de toda su vida se ha enfrentado a miles de situaciones que lo han desafiado y ha recolectado toda esa información en su mente. Este filtro es tan fácil de aplicar como de preguntarse: ¿en qué soy bueno? ¿Cuántas veces me he enfrentado a esto y lo he superado? La siguiente capa de este filtro es: además de ser bueno en esto o aquello, en qué de todo en lo que soy bueno encuentro satisfacción al hacerlo.

Filtro 3. HABILIDADES ÚNICAS

En esta tercera instancia de filtrado ha de reconocerse en qué es excepcionalmente bueno. Hay quienes lo son planificando y organizando, otros en trabajos que requieran ser detallistas o que requieran de mucha fuerza. Cada persona es muy buena en algo o varias actividades a realizar. Luego del primer y segundo filtro han de quedar unos pocos rubros, quizá veinte o treinta actividades en las que se desempeñe bien, pero le aseguro que hay algunas en las que usted podría ser excelente si se lo propusiera o quizá ya lo es. Puede ser cualquier cosa, en el mercado hay lugar para todo tipo de actividades.

Filtro 4. RECURSOS

Una vez que tengamos definida la actividad que queremos realizar es determinante saber si contamos con los recursos para desarrollarla. ¿Conoce esas leyendas de los negocios que tuvieron su origen en un garaje y lograron ser muy grandes? Le recomiendo que busque información de cómo empezaron esos gigantes del mundo. Verá que todos tienen algo en común: no los detuvo la falta de recursos. COMENZARON, eso es lo importante, y poco a poco fueron cubriendo las necesidades de sus negocios para alcanzar sus propias expectativas.

Para este filtro ha de analizar con cuáles de las opciones que obtuvo de los filtros anteriores podría iniciar ya, aunque no tenga todo. Puede desarrollar una lista de los recursos que necesita, herramientas, materias primas, información, etcétera y evaluar lo que requiere como mínimo. Habitualmente con un diez o veinte por ciento de la situación ideal podría dar sus primeros pasos. Haga lo que pueda con lo que tiene hoy y vaya a por más. Jamás se estanque.

Filtro 5. DETECCIÓN DE OPORTUNIDADES

¿Sabe que estamos rodeados de oportunidades allá donde estemos o vayamos? Si no las vemos o no las tomamos, mayormente es porque no estamos poniendo atención de forma correcta, estamos pensando en otras cosas, nos infravaloramos o a nuestra organización.

Dirigir un negocio no es como tener un trabajo. En estos, usualmente, termina su jornada y al día siguiente lo retoma cuando vuelve. Los líderes de negocios lo son las veinticuatro horas del día, los trescientos sesenta y cinco días del año. En cualquier momento podría haber una oportunidad, un posible cliente, un potencial socio, etc.

Este filtro es el último ya que a veces podría suceder como no. Siempre, a lo largo de una carrera en este ecosistema, aparecerán oportunidades. Quizá el negocio que lo lleve hasta la cima surja de una de estas. Es una habilidad que debe desarrollar y trabajar constantemente para que le permita detectarlas a tiempo y de la forma correcta.

> " *Es una oportunidad positiva siempre que usted pueda tomarla de forma que se beneficie, si encaja con sus valores morales y si el precio a pagar por esta oportunidad no daña su vida o negocio.*"

> *Si no supera estas pequeñas pruebas, por más bonita que suene, no es una oportunidad positiva para usted.*

Le mostraré un gráfico de cómo funcionará todo este proceso de filtrado y por qué conviene filtrar de entre todas las opciones que existen en el mundo:

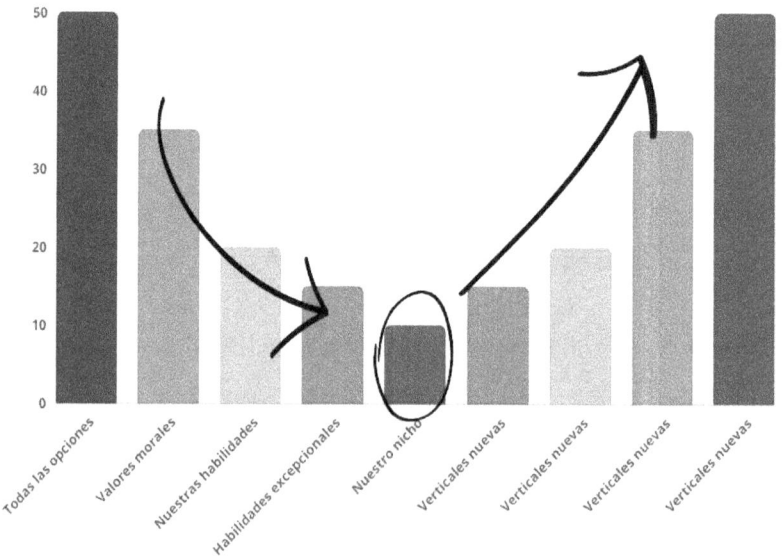

Desde la izquierda podemos ver como vamos descartando las opciones que menos compatible son con nosotros, paso a paso nos vamos acercando al nicho donde podremos desarrollarnos con mayor facilidad y como resultado favorecer las posibilidades de tener el crecimiento que esperamos.

Hacia la derecha vemos que el gráfico se expande. Una vez que alcanzamos la cuota de mercado que buscábamos y/o surjan nuevas oportunidades, podríamos expandirnos ampliando nuestras verticales.

Como regla general podríamos decir que *un negocio es sano si está en expansión*. Le pondré un ejemplo de por qué esto ha de ser así: si usted solamente tiene una vertical de negocio y por el motivo que sea, su rubro entra en crisis, este se verá afectado. Si usted se expande siempre que pueda (sin forzar los procesos) desarrollando más verticales de negocio y sucede que uno de los rubros que maneja se ve afectado por una crisis, tiene más opciones: como redirigir dinero hacia esa vertical con los ingresos de otra si sabe que es una crisis circunstancial y su presencia, a pesar de los tiempos difíciles, pondrá a su marca entre las que siguen dando servicio o entregando productos y la afirmará en el mercado generando que, cuando la crisis pase, esos clientes dispersos que otras marcas dejaron libres por no poder atender sus necesidades, se vuelvan cuota de mercado para nosotros y los fidelicemos. O bien podría cerrar ese negocio de ser necesario, ya que como tiene más fuentes de ingresos esto no afectará a su economía personal.

También debe considerar que hay negocios que son circunstanciales o por temporada. Son muy rentables en ciertas épocas del año pero sostenerlos el resto del tiempo sería una pérdida de dinero.

ELIJA UN TARGET

A quién le venderá

En la sección anterior vimos una de las formas de detectar qué es lo que nosotros podemos ofrecer. Ahora es importante analizar qué es lo que las personas están buscando en el mercado. Existen algunas herramientas para descubrir esto que, en mayor o menor escala, todos los negocios usan. Podemos crear un producto o un servicio que creemos que podría funcionar y esperar a la respuesta del público. También podremos realizar una encuesta discreta o efusivamente y a partir de los datos recolectados tomar decisiones más acertadas al respecto de qué vamos a ofrecer. Recuerde, estamos en la era de la información porque es la que nos ayuda a evitar errores en la toma de decisiones.

Me tomaré el atrevimiento de afirmar que usted ha sido sincero al momento de filtrar las posibilidades sobre qué emprender, esto quiere decir que su elección es un rubro sobre el que maneja información de valor y eso es una gran ventaja.

Veamos cómo funcionaría esta investigación en un negocio de productos

Lo que debemos investigar es qué hace falta. Quizá un producto más económico, de mayor calidad, quizá uno que existe en otras partes pero donde usted está no hay proveedores. Se dice comúnmente que el mercado es competitivo, pero lo que muchos dueños de negocios malinterpretan de esta situación es que creen que deben enfocarse en sus competidores, ser mejor que los demás porque eso atraerá más clientes. Si el foco está puesto sobre la competencia seguirá haciendo lo mismo que ya existe en el mercado, un poco mejor o un poco peor, pero más de lo mismo. El secreto aquí es enfocarse en sus potenciales clientes.

Una de las reglas básicas, como ya dijimos, es expandirse siempre que sea posible y eso comienza con su cuota de mercado. Esta es, del total de clientes y potenciales clientes que tiene el rubro, cuántos consumen en su negocio.

Para ganar cuota de mercado debe saber qué quieren sus potenciales clientes. Debe atender sus demandas. Basándose en esos parámetros es bastante fácil detectar cuáles son las necesidades reales del mercado. Quizá su competencia gana dinero porque es "lo que hay". Esto no significa que sea lo mejor o lo que las personas compran por gusto. La información que obtenga escuchando a sus prospectos y clientes le permitirá innovar y acercarse a un producto más acertado.

Veamos cómo funciona en un negocio de servicios

Hemos mencionado que existen tantos servicios como necesidades humanas a cubrir. El rubro que haya elegido debe cumplir ciertos requisitos para ser exitoso en este tipo de negocios. Las personas tienen gustos muy personalizados y diversos, así que los parámetros que son comunes a la mayoría de sus potenciales clientes son principalmente la eficiencia de su servicio.

Lo más importante es su capacidad de cumplir con lo que promete, el tiempo en el que lo hará y también el precio. Como cada ser humano tiene una visión propia del dinero y su relación con él afecta radicalmente sus decisiones al respecto; el precio es un tema muy particular. Hablaremos de esto en profundidad más adelante pero es digno de ser mencionado aquí porque hay personas que tienen una relación con el dinero que los incita a gastar lo menos posible y a su vez hay personas que consideran que si un servicio está por debajo de sus estándares financieros debe de ser malo, lo miden como una equivalencia.

Es aquí donde se hace muy interesante este tipo de negocios. Supongamos que usted ofrece servicios de reparación de coches y debe hacer un mantenimiento general de un motor. Esto le podría tomar unas 4 horas. Las mismas 4 horas para un cliente que quiere pagar lo menos posible que para un cliente que considera que pagar mucho es equivalente a una excelente prestación. Para quién y en dónde desarrolle su actividad se vuelve información de valor.

Hay casos de servicios que son masivos como el transporte, donde pueden ganar en la cantidad de volumen indistintamente de la cantidad de dinero que esté dispuesto a pagar el cliente. También puede considerar un servicio muy exclusivo, que pocas personas ofrezcan pero que sea demandado por potenciales clientes que estén dispuestos a pagar mucho por un servicio de calidad que no pueden tener en todas partes. Recuerde siempre dar un extra sobre lo que le pidieron, esto es muy bienvenido.

PLANIFICACIÓN INICIAL

Reconozca las partes básicas del negocio

Todo emprendimiento sea del tipo y rubro que sea está compuesto por una serie de procesos los cuales le dan cuerpo. Podemos distinguirlos en líneas de procesos como diagramas de flujos. Hay quienes hacen que estas funcionen de forma natural, aunque analizarlo de esta forma le dará más claridad y podrá, no solo, organizar mejor estos procesos desde una primera instancia, sino mejorarlos. Así mismo será claro y contundente desde el principio con todos, tanto en la sección interna del negocio como en la externa respecto de los clientes. Para los negocios de productos y de servicios hay algunas variaciones.

PROCESOS EN UN NEGOCIO DE PRODUCTOS

-Materias primas y productos:

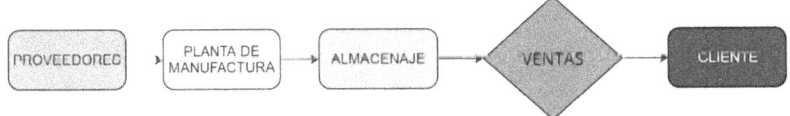

En este proceso podemos ver el recorrido que harían los materiales desde que llegan a nosotros como materias primas hasta que son entregados a los usuarios. Cada sección puede ser analizada en sí misma e ir adaptándose en función de nuestros clientes, nuestros productos o nuestro proyecto. Debo recalcar algunas cosas puntuales aquí: la relación con nuestros proveedores ha de ser excelente, sea atento con ellos, pague a tiempo, cumpla con su parte del acuerdo siempre. Ellos alimentan su negocio y podrían mostrarle opciones nuevas, mejores precios o la posibilidad de ampliarlo y extender su relación por años. Asegurar que su negocio siempre tenga materia para producir es esencial.

En referencia a la planta de manufactura y almacenaje, le recomiendo que sea impecable. Mantenga el orden, haga inventarios, tenga el control ya que los desperdicios o la mala administración de los inventarios podrían dañar de forma sustancial la estructura de su negocio. Gran parte de las pérdidas se dan en este área por un mal manejo.

-Administrativo y financiero:

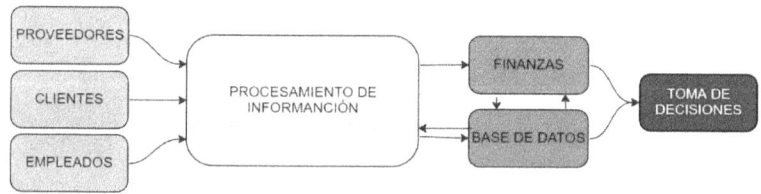

Como podemos ver en este proceso, el factor fundamental es qué hacemos con la información. Todo lo referido a la toma de decisiones de nuestro negocio está supeditado y será más efectivo dependiendo de la cantidad y calidad de información que tengamos.

En lo administrativo y lo financiero, cuando hablamos de procesamiento de información, significa que dependiendo de cómo la captamos, la administremos y las decisiones que tomemos con ella, es cómo nuestro negocio se desarrollará con el pasar del tiempo, cuánta cuota de mercado podremos ganar, cuánto podemos bajar los costos sin hacer que nuestros productos sean malos e incluso cómo innovar.

Otro factor importante por lo cual debe poner atención en este proceso es su relación con el fisco. De finanzas hablaremos específicamente más adelante. Lo importante es que entienda, que tanto las finanzas como la administración del negocio pueden traducirse casi exclusivamente en información.

-Recursos humanos:

Los empleados son y serán una parte sustancial de su organización si desea crecer. Hay dos factores primordiales que hay que tener en cuenta respecto de este sector. El primero es que cada empleado es un ser humano, como usted, y tiene necesidades humanas, como usted. Siempre debe de relacionarse con ellos con la empatía apropiada. El segundo es que lo más importante no son sus clientes, sino sus empleados. Ellos son quienes tratan con sus clientes. Si cuida de sus empleados, estos cuidarán de su negocio.

En referencia al diagrama que vemos empezamos con la captación de personal. Este punto es sumamente importante, ya que debemos buscar personal idóneo en el área a cubrir. Si quiere un negocio exitoso procure ser específico. El factor humano, como dije, es importante, pero un negocio no es una beneficencia. No contrate por lástima o para probar suerte. Contrate lo que necesita. Es fundamental que el personal con el que cuente esté actualizado capacitándose varias veces al año, ya que esto le proporcionará un funcionamiento y desarrollo de mejor calidad, lo que se traducirá en más ventas.

Procure que su personal, por más simple que sea su actividad, sea consciente y usted también, de cómo su tarea afecta a los clientes y por qué debe hacerla bien. Si un empleado no tiene una función que afecte a los clientes directa o indirectamente, ese puesto de trabajo sobra. Como mencionamos, debe ser consciente de que los empleados son personas, y como tal tienen características similares a usted, gustos, preferencias, capacidades, etc. Siempre que pueda mejorar sus beneficios hágalo, contemple su potencial y todo lo que compete a sus vidas. Nunca se sabe cuándo el empleado

114

puede darle las mejores ideas, convertirse en su socio o ser su competencia directa en el futuro.

Que los empleados se retiren es algo que sucederá. Será bueno si les da una buena forma de salir de la empresa, justa y beneficiosa, ya que fueron ellos los que sostuvieron su negocio con su tiempo y conocimiento hasta el momento de su retiro y esto generará indirectamente que más personas quieran trabajar en su organización por muchos años con gusto. Es importante que este ciclo se mantenga constante, que siempre esté buscando personal nuevo. Hay puestos que quizá no lo requieran, pero si quiere lo mejor de lo mejor e innovar en los espacios cruciales, debe seguir buscando, capacitando e invirtiendo en su negocio. Sin prisa pero sin pausa.

-Clientes:

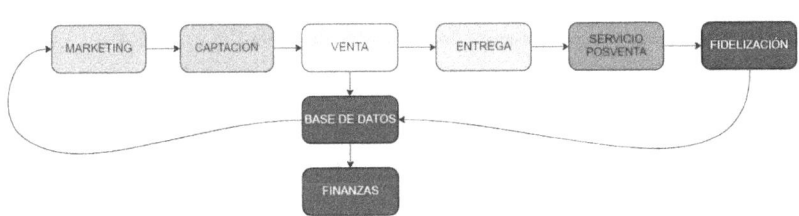

El proceso que implica captar clientes y asegurarlos con su marca, más allá de que cada cliente tiene sus propias necesidades y puede personalizar la atención a estas, se podría mecanizar en este simple diagrama. Una vez que tiene un producto el cual expondrá en el mercado, el marketing que debe realizar es explícitamente de captación. Existen muchas técnicas para lograr esto. Sea contundente, su trabajo es ir a buscar clientes. Aquí los "NO" respecto de esto: no mienta, no prometa cosas que no va a cumplir, no ponga excusas. Usted conoce su negocio, sus productos y a sus empleados. Ofrezca lo que pueda cumplir y hágalo excelente. Una vez que haya llamado la atención de un prospecto el proceso de venta debe basarse en que lo que ofrece saciará la necesidad del mismo. De ser así llega la hora de cumplir con lo prometido. Hay muchas personas que aquí se desligan del comprador porque ya recibieron el pago, y la persona el producto.

He mencionado que, por más que una característica esencial de un comercio es generar dinero, apártese de esto por un momento y analice: ya realicé una venta, tengo mis ganancias, ¿por qué no fidelizar ese cliente para que siga comprando en mi negocio? Le aseguro que ese es el segundo trabajo más importante en este proceso, mantenerlo como un ciclo. El cliente se fideliza con el resultado de la experiencia de interactuar con su marca. Si el producto es bueno pero la atención es mala, no volverá. Si la atención es excelente pero el producto es malo, tampoco lo hará. Tiene que quedar tan satisfecho que lo elegirá nuevamente y hasta lo comente con sus amistades.

Como dije antes, la información que obtiene con cada venta y el servicio posventa, adminístrela sabiamente. Si la usa para mejorar sus campañas de marketing y todo este proceso, podrá fidelizar el cliente que ya probó su negocio y apalancarse de esa experiencia para ganar más cuota de mercado. Si los escucha y no solo piensa en el dinero inmediato, encontrará encontrará la forma de expandirse, ya que así podrá detectar más necesidades a cubrir y ofrecerlas.

PROCESOS DE UN NEGOCIO DE SERVICIO

Respecto a los recursos humanos, administrativos y financieros en un negocio de servicios, debe poner atención esencialmente en lo mismo que en uno de productos. El cambio más evidente lo vemos en el proceso de los clientes:

Si ha decidido emprender un negocio de servicios ha de comprender que este se alimentará de problemas ajenos más que de cualquier otra cosa. Es fundamental entender que el proveedor más importante es el cliente, le proporcionará los problemas que quiere que usted resuelva. Las estrategias de marketing deben ser orientadas a soluciones.

FINANZAS BÁSICAS PARA TENER UN NEGOCIO RENTABLE

El dinero siempre debe estar en movimiento

Para cualquier organización con fines de lucro y cualquier dueño de negocio saber lo básico sobre las finanzas es una de las tareas a realizar a la que debe poner especial atención. Los bienes, divisas y activos en general que usará para tener en funcionamiento su negocio deben ser administrados con cautela, aunque sea un competidor agresivo en el mercado. Hay tiempos para cada cosa, para recaudar, ahorrar, invertir, sostener, correr riesgos y no correrlos.

Me gustaría mostrarle los conceptos que considero fundamentales en las finanzas de un negocio y algunas fórmulas que le permitirán realizar la tarea de organizarlas de forma simple. Luego podrá personalizar estos parámetros según su posición, la cual podría verse afectada por diferentes factores como en qué país está establecido, el nicho, el rubro, inversión inicial, como se encuentre el mercado en el momento, etc.

En todo negocio pequeño o mediano la mayoría de sus ingresos proviene de ventas y por esto es importante saber cómo

119

se establece el precio de un producto o servicio. Básicamente son cuatro áreas: 1) costos fijos vitales; 2) materias primas o material de servicio; 3) impuestos; 4) ganancias brutas, como podemos ver en el siguiente gráfico.

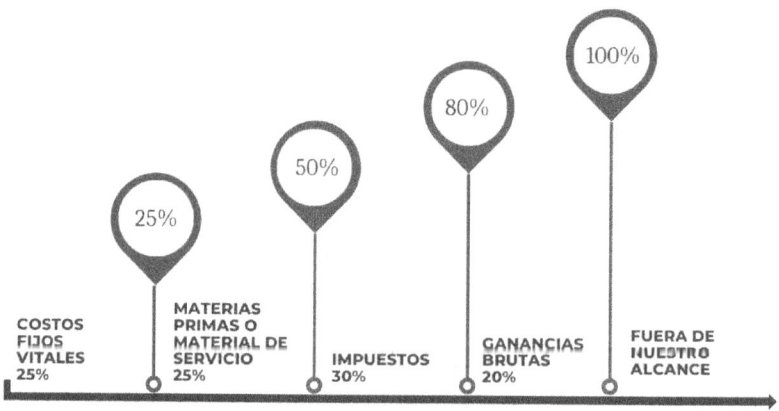

Existe un filtro para saber si el producto o servicio será rentable para nosotros: cuánto están dispuestos a pagar nuestros clientes. Los costos no determinan el precio final de un producto o servicio, sino si es viable o no. Si el precio final de venta que podemos obtener de nuestros clientes no supera la suma de los costos fijos vitales, las materias primas o material de servicio y los impuestos, ese producto no dará beneficios. En el otro extremo vemos, que si el precio final de venta que podemos obtener de nuestros clientes supera estas áreas de composición de precio, podremos analizar hasta dónde se extenderán las posibles ganancias brutas.

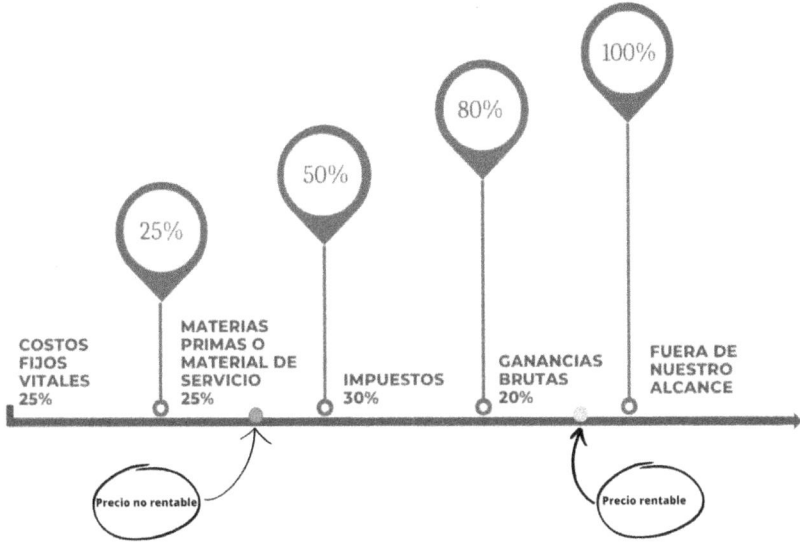

1) *Costos fijos vitales*

Tanto en un negocio de productos como de servicios vamos a enfrentar costos derivados de los procesos internos. Estos son los requeridos para que este se mantenga funcionando, una porción de sus ventas siempre irán hacia ahí. Podrían estar incluidos aquí el arrendamiento de su planta productiva, pago de empleados, servicios, entre otros; para estas funciones lo prudente sería hacerlos rendir al máximo. Por ejemplo: si un empleado administrativo trabaja 40 horas a la semana, estará en su puesto se vendan 1 o 1000 productos, ya que a este se le pagará por cantidad de horas trabajadas. Y si dividimos su salario entre las ventas, es válido afirmar que cubriremos el total del salario con un menor porcentaje del precio al que se vendan nuestros productos si aumentamos las ventas. En la imagen

121

anterior, propuse que como máximo el 25 % del precio de un producto debería destinarse a los costos fijos vitales. Si su cálculo está por encima de ese porcentaje, debe mejorar las ventas pronto o reducir la cantidad de gastos si no quiere tener problemas a mediano y largo plazo.

Veamos cómo aumentando las ventas afectaría más a este costo: supongamos que tenemos a la venta un producto por un valor de 100 usd. Ya hemos comprobado que ese es el precio máximo al que podemos venderlo. Nuestros gastos fijos vitales son de 5000 usd al mes. Con la proporción de que el 25% del precio de venta será destinado a cubrir nuestros gastos fijos requerimos de vender 50 productos para cubrir esos gastos fijos.

Ahora supongamos que en esos gastos fijos hay 2 empleados que en sus jornadas están trabajando al 50% por tiempos improductivos. Cuando me refiero a que aumentar el número de ventas reduciría el porcentaje de los costos fijos del precio final de venta, quiero decir que si con 100 ventas estamos haciendo que nuestros empleados estén ocupados el 50% del tiempo, con 200 ventas estaríamos alcanzando su tope antes de necesitar aumentar los costos fijos con un tercer empleado. Con ese aumento de las ventas al doble, en este ejemplo, estaríamos reduciendo ese porcentaje de 25% a 12,5% ya que en valores fijos sigue saliendo la misma cantidad de dinero, sin embargo entra el doble. Ese 12,5% restante que ahora nos sobra se puede utilizar para otra cosa dentro de la empresa. ¿Por qué no ganancias también?

122

Aclaremos que los costos fijos vitales son relativos para cada emprendimiento. Reducir uno o aumentar el rendimiento para aprovecharlo al máximo no implica que se mermen todos. Pero si realiza este proceso en cada uno, podrá ir reduciendo el porcentaje que estos consumen de su precio final de venta, liberando ese capital para otro uso.

2) *Materias primas*

Uno de sus trabajos será calcular cuánta/s materia/s prima/s es/son requeridas para la fabricación del producto y su costo por unidad. Conociendo ese monto podría darse a la tarea de evaluar cómo reducir este manteniendo la calidad, podría ser comprando en mayor cantidad o siendo parte de una cadena de suministros compartida. Por ejemplo: si su proveedor está ubicado a unos 500km de su planta de fabricación y a usted le supondrá el mismo valor transportar materia prima para fabricar 100 productos que 1.000, con la diferencia de que cuando produzca 1.000 obtendrá más ingresos, el gasto por el transporte es el mismo que deberá dividirse entre 100 o entre 1.000 dependiendo el caso. A su vez, si compra con un proveedor minorista o de menor capacidad por falta de infraestructura, etc, estará pagando por la falta de capacidad del mismo. Si puede permitirse comprar en uno de mayor porte y con buena infraestructura, etc, estaría pudiendo adquirir la mercancía a un mejor precio.

También sería importante recalcar que los proveedores tienen su propio negocio y tener su producto estacionado por mucho tiempo resulta en que no ingrese dinero en sus balances y por supuesto ellos querrán tener sus productos en movimiento lo antes posible para tener flujo de caja. Mientras más cantidad venden y más rápido mejor para ellos, muchas veces podría sentarse a negociar un precio según su volumen o la frecuencia con la que va a comprar. Si asegura que cada 30 días hará una compra de cierto tamaño, pactando el envío de los siguientes seis meses, el proveedor podría bajar su precio porque está asegurando ingresos recurrentes.

Respecto de las rutas de suministros compartidas, es bastante común de ver en pequeños y medianos negocios que compartan transporte entre varios dueños para abaratar costos, también por hacer una compra mayor a un proveedor pudiendo así negociar el precio por volumen total. A su vez para vender sucede mucho, se los conoce como usinas, donde varios emprendedores se unen con sus pequeñas aportaciones para consolidar una cantidad de producto más competitivo en el mercado, generalmente este tipo de acuerdos se ve con productores de materias primas de exportación, ya que movilizar mercancías a otros países es costoso y de esta forma hacen que rinda más el transporte.

En esta sección del precio podemos analizar lo mismo que en los gastos fijos respecto de como bajar el costo de la materia prima para producir, logrando que del precio final de venta podamos obtener mayores rendimientos.

3) *Impuestos*

Claro está que cada país o cada localidad tienen sus impuestos dependiendo del rubro y del volumen de su negocio. Es importante que considere esto dentro de su precio de venta ya que es por ellas que le cobrarán. Estar actualizado en este área es importante porque hay sectores o localidades con ciertos convenios que podrían favorecerlo y reducir ese porcentaje dándole espacio a más ganancias.

4) *Ganancias*

Como se sabe, una señal de precio es el indicador de una transacción realizada. Es indiferente el valor al que venderá, las ganancias pueden fluctuar. Es importante para todo este cálculo, cuánto están dispuestos a pagar sus clientes. En función de eso sabrá cuánta es su beneficio y si su producto es viable o no. En el gráfico vemos que por encima de lo que podemos ganar hay una sección más que indica todo lo que está por fuera de nuestro target o de nuestros clientes. Este es todo el dinero al que nosotros no podemos llegar con nuestras ventas. Cuando digo que puede fluctuar y que la señal de precio no será estática me refiero a que podemos mover nuestro valor final de venta hacia ese dinero que está en el mercado y no tendríamos acceso si calculamos un monto fijo de ganancias a nuestro producto. Según el rubro y el momento en el que esté el mercado podría subir o bajar el monto al que pretende vender según cuanto estén dispuestos a pagar los compradores, maximizando así sus ganancias. En ambos casos, si vende a un mejor precio obtendrá mayor rendimiento y si su producto está ofrecido a un valor excesivo no venderá. Bajarlo será lo correcto, siempre que no genere pérdidas, para obtener flujo de caja y tener su mercadería en movimiento.

En un *Negocio de Servicios* hay que considerar que las variantes son muchas más. Hoy podemos ofrecernos a nuestros clientes digitalmente, eliminando así el gran costo que representa un espacio físico que mantener, incluso automatizar tareas en un ordenador que reemplace a varios empleados. Como también podemos tener el caso de personas con habilidades únicas, especiales, o personas famosas, que solo por ser ellas el negocio es exitoso. Aunque podemos determinar que los gastos de ofrecer nuestros servicios se verá afectado por exactamente los mismos factores que en un negocio de productos: los costos vitales fijos, que como vimos pueden ser prácticamente cero; el material de servicio (el equivalente a materias primas) que son los consumibles que usaremos al momento de realizar las tareas para la que nos contraten; los impuestos, los cuales afectan a todos los emprendimientos (a pesar de que cada rubro tiene su propia normativa no podremos escaparnos de estos) y por último las ganancias, que sin ellas no tendría sentido alguno tener una organización con fines de lucro.

Su precio es más personalizable según el servicio, los clientes, la calidad, la urgencia, etc. Puede armar un esquema de precios los cuales se verán alterados por variantes muy puntuales.

FÓRMULA DE DISTRIBUCIÓN Y PUNTO DE EQUILIBRIO

En el área financiera de su negocio es vital tener el control. Unas finanzas descontroladas podrían llevarlo a la quiebra muy rápido sin siquiera notarlo. Para esto, muchas organizaciones crean esquemas financieros de distribución que les permiten estandarizar los movimientos de dinero internos, así logran tener una visión clara y el mejor manejo posible.

Lo primero que debemos establecer es que el dinero recorre las áreas como un río, debe ser un flujo constante. Entrar y salir luego de atravesar cada proceso. No puede ni sobrarnos ni faltarnos. En un negocio pequeño como los que estamos analizando, el dinero entra prácticamente en su totalidad por las ventas realizadas.

En el capítulo anterior vimos un cuadro donde desglosamos el precio en 4 áreas específicas a donde derivarlo al ingresar en nuestro sistema contable. Por el momento veremos cómo fraccionarlo con porcentajes, ya que una vez estandarice la fórmula de distribución del dinero en su negocio le permitirá enfocarse con mayor fuerza en sus ventas. Le mostraré:

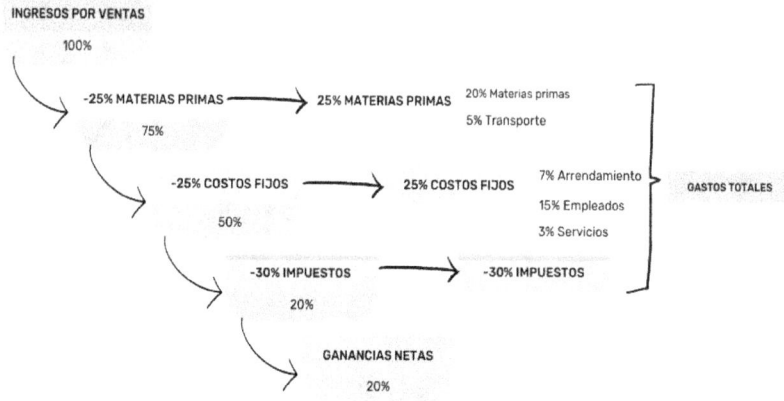

Comencemos analizando el siguiente ejemplo: tenemos un negocio que vende un solo producto por un valor de 100 usd precio final. De media tenemos 30 ventas diarias y al mes 720 ventas. Esto nos da un total de 3.000 usd de ingresos brutos al día y 72.000 usd al mes. El margen de ganancias brutas que tenemos es de un 20%, unos 600 usd al día y 14.400 usd al mes.

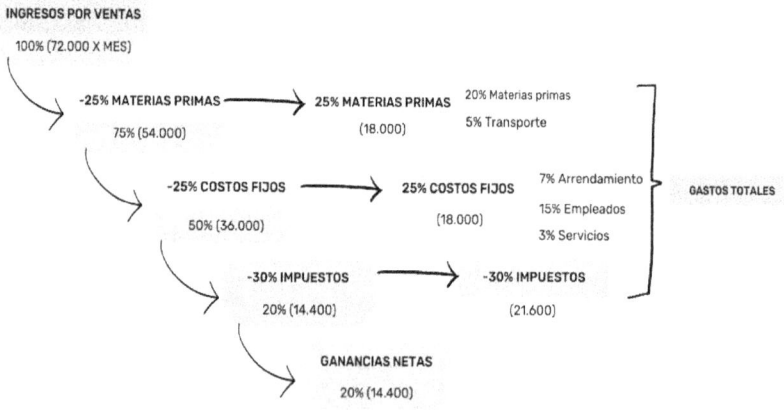

128

En el gráfico podemos ver las cifras que corresponden a los porcentajes preestablecidos. De esta forma se aprecia cómo el dinero recorre y se reparte en cada área. Es un cálculo muy simple y del nivel más básico que un negocio necesita para poder operar ordenadamente. Recuerde que estos porcentajes son solo un ejemplo, usted puede y debe ir personalizando el cálculo con el pasar del tiempo y según las metas que tenga. No obstante, los porcentajes que le ofrezco en el ejemplo tienen su lógica, no están escogidos al azar. Veremos por qué a medida que avancemos en este capítulo.

La ganancia neta es el capital que le corresponde como dueño. Retirar ese dinero de la contabilidad es aceptable, pero quiero mostrarle cómo impulsar el crecimiento de su negocio para evitar el error que muchos emprendedores cometen que los lleva a dos caminos: estancamiento o quiebra. Seguro ha escuchado que el 95% de los negocios fracasan. Mayormente sucede por una mala administración y quiero mostrarle cómo evitar eso. Este programa es para emprendedores que buscan crear negocios a largo plazo. Si su intención es circunstancial o lo que busca es ganancia inmediata, respetando el diagrama anterior es más que suficiente.

Retomemos un concepto que mencioné en la parte 1 de este libro: acumular. Cuando nos proponemos iniciar con la condición de que nos sostendremos por décadas debemos tener en cuenta la acumulación. Como ya dijimos, queramos o no, lo que hagamos se acumulará: la atención a los clientes, los vínculos con los proveedores, la expansión y las finanzas.

Claramente nuestro historial será un factor crucial en el desarrollo de nuestro negocio a lo largo del tiempo. Si su tendencia es no cumplir con lo prometido, la relación con sus proveedores es mala o contrata personal inadecuado repetitivamente, la acumulación de cualquiera de estos acontecimientos contaminará el desempeño y la imagen de su negocio llevándolo cada día hacia un fracaso rotundo.

Así mismo, si cuida de su marca, de sus proveedores, la calidad de sus productos o servicios, sus empleados y fundamentalmente de sus finanzas, esto se acumulará generando una espiral ascendente de prosperidad.

Ya hemos hablado de los procesos internos y ahora quisiera mostrarle un esquema financiero de distribución que a las empresas más grandes del mundo las ha llevado a ser del tamaño que son hoy en día, y que luego de poner en práctica muchas veces, he logrado adaptar incluso en negocios que recién comienzan.

En el siguiente gráfico podemos ver que he agregado dos nuevas áreas financieras: *retorno a materias primas y fondos.*

Usted podría comenzar con este esquema desde el día uno si lo planifica:

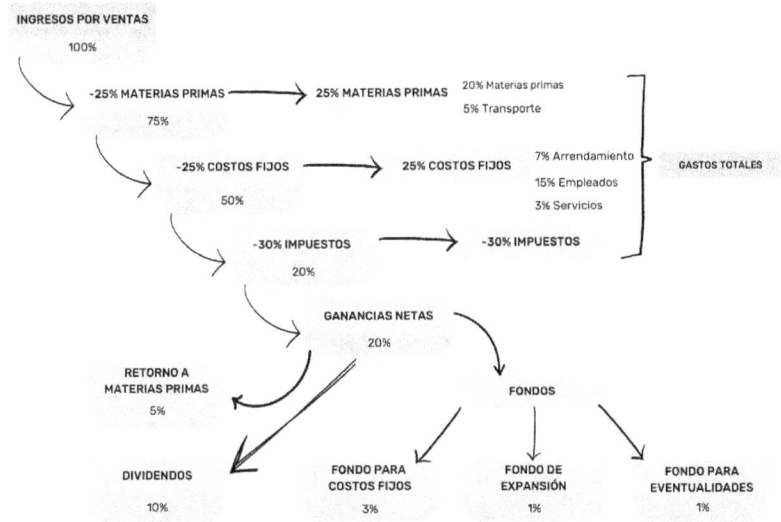

El capital destinado a las materias primas para la producción, como también lo sería para el material de servicio, es dinero que será invertido para la compra de este, y al venderse el producto o servicio, ese dinero debe retornar íntegramente al balance interno de ese sector. Funciona cíclicamente. Es el capital principal de la empresa, y si este se fuga de ese área, usted estará en grandes problemas porque con el tiempo no podrá operar en lo absoluto.

En el ejemplo que estamos usando para desarrollar este programa vimos que de las ventas mensuales (72.000), 18.000 están destinadas a la compra de materias primas. ¿Esto quiere decir que yo debería contar con ese dinero para generar el volumen de ventas de 72.000? la respuesta es no. Como ese capital funciona cíclicamente, depende de lo rápido que usted pueda recuperar el dinero para volver a invertirlo en materia prima.

En un negocio que recién comienza y que lo hace con poco capital, es probable que para cubrir las ventas de todo el mes ese ciclo suceda varias veces. A medida que el monto incremente puede extender el periodo del ciclo mensualmente, bimestralmente, etc. Y eso lo logramos haciendo que ese capital operativo crezca. Como vemos en el gráfico, además del 25% que le corresponde del precio final de venta, estamos adicionando un 5% extra que resignamos de las ganancias. Estaríamos aumentando sustancialmente la capacidad de recompra de materias primas con cada venta efectuada. Eso es crecer a un paso ligero.

Así como le expuse el sistema de las 9 cajas, existe también la versión para negocios y le aseguro que cambiará radicalmente la forma en la que los verá a partir de este momento.

> FONDO PARA COSTOS FIJOS

Funciona prácticamente igual a la Caja 1 del sistema de 9 cajas. En este caso el 3% de cada venta irá destinado a aumentar este fondo, el cual debe de ser invertido hasta alcanzar el punto en que cubra los costos fijos vitales de su negocio o al menos una parte. Y si su organización es golpeada duramente por una crisis a tal punto que no puede concretar ventas por un tiempo, este dinero podría servir para cubrir esos gastos hasta que se reponga una vez agotado el fondo para eventualidades.

Aquí lo recomendable es que al principio nos apalanquemos de inversiones conservadoras con el mayor rendimiento posible. No es importante que sea de liquidez inmediata haciendo interés compuesto para poder hacer que el mismo fondo se retroalimente y crezca más rápido. Cuando el monto invertido esté generando ganancias por un monto similar al que usted está ingresando por ventas, es momento de hacer una transición y que parte de ese dinero se destine a inversiones de liquidez inmediata para poder reducir así el porcentaje que se destina del capital ingresado por ventas a los costos fijos vitales permitiendo reducir su punto de equilibrio.

A partir de aquí ya es muy personalizable según su negocio y sus planes. Podría tener todo ese capital trabajando en una inversión de liquidez inmediata y así hacer los retiros de las ganancias y pagos correspondientes cada mes. Igualmente podría calcular cuánto gastará trimestralmente o al año, hacer un retiro para cubrir esos plazos y volver a invertir el dinero de forma que esté congelado el mismo periodo o reinvertir y aprovechar el interés compuesto para obtener más rendimientos.

> ## FONDO DE EXPANSIÓN

Un negocio sano es aquel que se expande, si no es así es que su organización no es solvente o está mal planificada financieramente. Puede que el 1% de las ventas para este fondo sea poco, pero le aseguro que hasta que dé con la oportunidad apropiada para expandirse, es bueno prepararse con tiempo. Esta es una de las mejores formas, ya que este dinero puede estar años acumulándose y trabajando a interés compuesto para hacer que crezca aún más rápido. Considere que si usted destinara este dinero para abrir una segunda tienda o insertar un nuevo producto en el mercado, puede apalancarse de la deuda. Me explico: si usted sabe cuántas ganancias generará la inversión donde esté puesto este fondo, podría financiar esa nueva máquina que necesita o hacer un retiro de los rendimientos e ir comprando poco a poco todo lo que necesita para su expansión. No es necesario que acumule el dinero para gastarlo de una vez, puede hacerlo paulatinamente y así no descapitalizarse.

> ### FONDO PARA EVENTUALIDADES

La porción de dinero que está destinada aquí es una reserva para cubrir cualquier tipo de situación que pueda dañar la economía de su negocio. En vez de tener que liquidar inventario o pagar este fondo de su patrimonio personal que sutilmente se irá acumulando, estará disponible para enfrentar la crisis. Imagine que un empleado lo demanda y usted debe pagar una indemnización, o su establecimiento se ve afectado por una catástrofe natural y debe hacer reparaciones en una de sus tiendas, etc. Este dinero será su salvación sin afectar al funcionamiento del resto de su negocio. Es recomendable colocarlo en inversiones que le permitan hacerse del capital con cierta rapidez. Podría ser de liquidez inmediata aunque perdería algo de ganancias. No obstante podría ser en inversiones a 90

134

días escalonadas para que rindan cada 30 días. Esto funcionaría con tres inversiones diferentes con fechas de vencimiento de 30 días entre sí, pero todas a 90 días para obtener más ganancias.

El punto de equilibrio, en el cálculo financiero de un negocio, es el punto exacto en el que los ingresos por ventas son suficientes para cubrir los gastos. A partir de este momento es donde comenzamos a ver ganancias. Hay dos fórmulas para calcularlas:

1. Por cuántas unidades se requieren para alcanzar el punto de equilibrio:
   Punto de equilibrio = Costos fijos / (Precio de venta - Costo de venta)

2. Por valor en ventas se requiere para alcanzar el punto de equilibrio:
   Punto de equilibrio = Costos fijos / (1 - Costo de venta / Precio de venta)

Tras ver a muchos emprendedores y emprendedoras fallar en la administración financiera por falta de conocimientos o de capital para contratar a un profesional que le diseñe una buena estructura, me gustaría compartir con usted un método que he desarrollado y adaptado a pequeños negocios. Se trata de la estandarización de su diagrama financiero.

Este método tiene varios fundamentos. El primero y más lógico es que usted seguramente es bueno en alguna actividad, como podría ser la creación de mobiliario o el desarrollo de páginas web y posiblemente de cómo diseñar un plan económico sepa poco o nada. El cálculo de punto de equilibrio se utiliza mayormente para llevar un control de sus finanzas mes a mes. A su vez para detectar errores en los procesos o cálculos pertenecientes a estos y sectores donde focalizar el crecimiento. Por último, le permite hacer el trabajo una vez en función de una meta, y al cumplirla volver a calcular. Pero en medio del proceso para alcanzar su objetivo puede simplemente confiar en su fórmula estandarizada y volcar toda su atención en lo que usted es bueno y en lo que lo motivó a iniciar su negocio, pues realmente es muy sencilla de desarrollar la estandarización.

Basándonos en el último gráfico que le he mostrado podemos ver, nuevamente, que el dinero al ingresar se divide en 4 áreas principales:

1. Costos fijos vitales
2. Materias primas o material de servicio
3. Impuestos
4. Ganancias

También podemos observar que estas están subdivididas en secciones más pequeñas que corresponden a cada una de estas áreas principales. Mencioné que los porcentajes establecidos en ese gráfico no eran azarosos. La idea detrás de estandarizarlos es congelar sus montos. Aquí la explicación: empezamos por determinar el precio final. En el ejemplo que estamos trabajando es 100 usd. De este monto que ingresará luego de una venta, el primer porcentaje que ha de quitar son los impuestos. Para el ejemplo es de un 30% y este monto podría variar según varios aspectos como ya vimos. Pero es importante que en cuanto pueda, busque la forma con la asesoría de un profesional de reducir la cantidad de impuestos para pagar lo menos posible dentro de la legalidad. Esto nos dejaría con un 70% del precio por dividir.

El siguiente paso es conocer cuánto es lo que le cuesta en materia prima y gastos asociados por unidad, los cuales podrían ser el transporte para recibir la materia prima en su planta productiva, el marketing, el gasto en publicidad por unidad, el costo de almacenaje de su materia prima, etc. Todos estos son necesarios para su negocio, pero en este cálculo no están contemplados como costos fijos vitales ya que son costos variables y es recomendable que los vincule exclusivamente con las materias primas y los recargue en cada unidad. ¿Por qué?, porque usted dispondrá de un capital operativo que funcionará en un circuito cerrado, este dinero se invertirá en materia prima y en todos sus gastos asociados, y cada vez que un producto suyo se venda, el mismo monto que costó poner ese producto a la venta debe retornar exclusivamente al fondo de capital operativo. Es tan simple como tener una planilla de balance para el capital operativo, así podrá saber cuánto dinero hay en el inventario de materias primas, en productos terminados, a consignación o cuánto está esperando el pago pendiente. Lo ideal es que este monto tenga un tope de 25% del precio final de venta. Incluso sería mejor para su negocio si pudiera reducir ese porcentaje.

Una vez conozcamos el porcentaje que se distribuirá a materias primas debemos descontarlo también. En este ejemplo nos dejaría con un 45% aún por distribuir. Este 45% se dividirá en las dos últimas áreas: costos fijos vitales y ganancias.

Los costos fijos vitales han de llevarse un máximo del 25% del precio final de venta. Este cálculo hará que nuestro punto de equilibrio esté por encima del que sería con el cálculo tradicional, el cual contempla liquidar los costos primero antes de que usted vea ganancias. Y esto no está mal, funciona en muchísimos negocios que calculan así. A diferencia de este, congelando en un tope máximo de 25% destinado a los costos fijos, nos permite tener todavía un 20% libre que hará una diferencia.

Si usted nunca tuvo un negocio o ha fracasado alguna vez intentando iniciar uno, déjeme decirle que el mayor problema con el que se encuentran los emprendedores es que sus costos fijos devoran su negocio, y como este comienza a ir mal, empiezan a poner dinero propio para sobrevivir esperando que quizá todo mejore el próximo mes o en los próximos seis meses.

Es importante que usted gane dinero desde el día uno, no porque esté poniendo a prueba su idea ni por ambicioso, sino por su estado anímico y por el orden en sus finanzas. La economía de su negocio y la suya no son en absoluto la misma economía. Si usted, sin conocimiento o con muy poco, intenta rescatar un negocio que está administrando mal, puede meterse en varios problemas. Quizá esta sección del libro es para esas personas que son muy novatas en este mundo, pero esta es una forma de que todos, aun con poco o ninguna experiencia, puedan comenzar un negocio y tengan una idea clara y simple de la administración que requieren esas finanzas.

Los costos fijos vitales serán todos las cantidades que sean fijas y que no estén asociadas directamente a la compra de materia prima. Podrían ser el arrendamiento, los empleados, los servicios (aunque estos no son fijos uno podría saber aproximadamente cuánto gastará cada mes) que tienen fecha de vencimiento.

Continuando con el ejemplo, supongamos que nuestros costos fijos vitales suman unos 5000 usd al mes si el máximo que le daremos del precio final de venta (en este caso 100 usd) es de un 25% (25 usd).

→ Costos fijos vitales/monto que destinamos a los gastos fijos = punto de equilibrio con ganancias.
→ Si reemplazamos: 5.000 / 25 = 200

Son 200 productos los que debemos vender para cubrir nuestros costos fijos vitales. Por defecto sucede lo siguiente: 200 productos vendidos en 100 usd cada uno = 20.000 usd en ventas totales

- 25% costos fijos vitales = 5.000 usd
- 25% materias primas y costos asociados = 5.000 usd
- 30% impuestos = 6.000 usd
- 20% ganancias = 4.000 usd

Pero en el gráfico vemos que las ganancias están subdivididas y también es necesario hacerlo. Un 5% irá a aumentar el capital operativo, un 3% al fondo para costos fijos, un 1% para el fondo de expansión, otro 1% para el fondo de eventualidades y un 10% en dividendos. Se vería así:

- 25% costos fijos vitales = 5.000 usd
- 25% materias primas y costos asociados = 5.000 usd
- 30% impuestos = 6.000 usd
- 5% aumento del capital operativo = 1.000 usd
- 3% fondo para costos fijos= 600 usd
- 1% fondo de expansion= 200 usd
- 1% fondo para eventualidades= 200 usd
- 10% dividendos= 2.000 usd

El cálculo podrá ser efectuado cada día al cierre de la jornada y distribuir el dinero hacia donde corresponda. Este mismo esquema podría funcionar durante meses. Con unos minutos al día usted podrá procesar esta información. En caso de que tenga varios productos con precios diferentes, debería hacer una fórmula para cada uno, donde lo que se alterará será el porcentaje destinado a materias primas y costos asociados, que de ser superior al del ejemplo, se quitaría parte de las ganancias. De ser inferior tiene dos opciones: o deja más porcentaje para las ganancias o lo que sobre podría ir a aumentar el capital operativo.

¿Qué sucede cuando supero mi punto de equilibrio?

Supongamos que sus ventas fueron por 30.000 usd un mes y que su punto de equilibrio con la fórmula estandarizada queda en 20.000 usd. El 25% que corresponde a los costos fijos es dinero que debe destinarse a otra área. Esto sucederá y lo que puede hacer es dividir un 10% hacia el fondo para costos fijos, un 10% para el aumento del capital operativo y el último 5% a sus dividendos, dejando la fórmula estandarizada posterior al punto de equilibrio de la siguiente forma (por cada 1.000 usd ingresados por ventas):

- 25% materias primas y costos asociados = 250 usd
- 30% impuestos = 300 usd
- 15% aumento del capital operativo = 150 usd
- 13% fondo para costos fijos= 130 usd
- 1% fondo de expansión= 10 usd
- 1% fondo para eventualidades= 10 usd
- 15% dividendos= 150 usd

Los beneficios de esto es que para realizar esta tarea requiere poco tiempo al día, tendrá el control y podrá dedicar ese tiempo extra a su producción, sus ventas y otros procesos dentro de su negocio, ya que ahora su punto de equilibrio (que es donde usted sabe que no debe dinero a nadie), es más alto que poniendo como prioridad el pago de los costos antes que todo lo demás. Deberá enfocar la mayor parte de su energía en vender, vender y vender.

Para la mayoría de los emprendedores es más fácil comercializar sus productos o servicios que dedicar todo el día a entender los números. Todos los que hemos construido un negocio sabemos lo complejo que puede ser esto, por lo que mi tarea e intención mostrándole este método es hacer que su vida sea más fácil y que pueda así desarrollar su emprendimiento sin tantos dolores de cabeza.

CALENDARIOS Y PROFESIONALES NECESARIOS

He mencionado en varias oportunidades que nuestra relación con el fisco es importante que esté en buenos términos. Así como es importante para nosotros tener una buena base de datos para una óptima toma de decisiones, los gobiernos también tienen las suyas, y es de ahí de donde las entidades financieras como los bancos privados y estatales tienen la posibilidad de ver y analizar si somos personas capaces de cumplir con nuestras obligaciones y en función de esto aceptarnos o no como clientes.

Es un muy buen respaldo contar con el apoyo de al menos un banco. Con él podríamos ofrecer financiación sin riesgo, ya que estos cuentan con las herramientas necesarias para asegurar el cobro de esa deuda, u obtener una línea de crédito, acceso a cheques, cuentas bancarias donde nuestro dinero estará resguardado y desde donde podríamos iniciar las inversiones de los fondos mencionados en el capítulo anterior. También podría suceder que el banco nos respalde con nuestro historial si quisiéramos vender nuestro negocio o si quisiéramos iniciar un sistema de franquicias para demostrar nuestra legitimidad. A su vez, es posible que gracias a ser clientes de un banco podamos conocer a otros emprendedores que quizá también nos sirvan como aliados en algún momento.

Los gobiernos, le agrade más o menos quien lo haya asumido en este momento, tienen la necesidad de impulsar el crecimiento del PIB. Así pues cada año emiten medidas de apoyo a los emprendedores reduciendo impuestos u ofreciendo préstamos a tasas muy bajas, campañas de difusión o espacios para exponer sus productos y su marca. Que usted evite la situación de mora con ellos es esencial para contar con todas estás oportunidades.

Pero el calendario financiero no es exclusivo para nuestra relación con el fisco, sino para cumplir con todas nuestras obligaciones. Desde los pagos de impuestos, a nuestros proveedores, de salarios, aportes patronales, etc. Como a su vez el cobro de deuda; si usted ha vendido un gran volumen de producto y su cliente le emite un cheque a 90 días, es importante saber cuándo podrá cobrarlo, ya que esto le permite calcular y planificar los siguientes meses y estar preparado para todo antes de que los eventos lo presionen por desconocer que está pasando.

Para este calendario financiero (que podríamos decir que es más técnico y burocrático), le recomiendo la asesoría de un profesional contable, además de que ya hoy es necesario para muchos de estos trámites que ante el fisco se presente un contable. Para sus compromisos fiscales le recomiendo fervientemente que busque el profesional correspondiente. Puede ser una tarea un poco tediosa al principio. Siempre habrá un

144

amigo, un familiar o algún conocido que nos sugiera a alguien que conozca, pero desde mi experiencia, permítame asegurarle que puede que sea el profesional adecuado como no. No tema a decir que no si no está conforme con su servicio o si esa persona no sabe nada sobre el rubro que usted maneja, pues los contables se especializan en rubros diferentes. Busque hasta dar con la persona adecuada y que además se sienta cómodo y en confianza con él, ya que si su negocio prospera, y así será, la relación con su contable será por muchos años y ha de ser un aliado y no un desconocido. Debe de conocer su negocio tanto como usted y en la medida de lo posible hasta planificar la siguiente jugada juntos.

En aspectos legales también contamos con un calendario que está estrechamente vinculado con su calendario financiero aunque desde un punto de vista interno de su negocio. Contar con un profesional de las leyes, como un abogado, le aseguro que le ahorrará muchos problemas a lo largo del tiempo, no solo para llevar su calendario legal en perfectas condiciones, sino porque lo protegerá de factores externos como cambios de regulaciones, nuevas leyes o cambios en las mismas. Respecto de la relación que debe tener con el asesor legal y/o abogado representante de su negocio, le sugiero exactamente lo mismo que con el contable. Busque la persona correcta que trabaje exclusivamente en el rubro que usted necesita, que esté al día con la información y con quien se sienta en confianza de trazar planes juntos, ya que será el encargado de corregir o redactar sus contratos, buscará protegerlo de los tecnicismos, fisuras legales o cualquier otra acción que quiera o pueda atentar contra el bienestar de su negocio. Esta persona ha de estar en actividad, en movimiento; como punto de referencia eso le dirá si ese profesional será útil o no, ya que si la persona lleva años sin ejercer su profesión, es posible que desconozca el circuito o no esté actualizado con las normativas corrientes y es posible que tampoco lo ayude a vincularse con más emprendedores. Muchas alianzas estratégicas han surgido en este tipo de despachos por ser clientes del mismo contable o el mismo abogado.

Existe un tercer calendario financiero que es el de fechas puntuales. Sabemos que hay celebraciones a lo largo de todo el año en todos los países del mundo y todas han ido tomando fuerza con el pasar del tiempo porque son especiales para las personas (como el día de la madre, el día del padre, el día del niño..). Sabe usted que existen estadísticas sobre todas esas celebraciones, incluso cumpleaños. Hoy podemos saber en qué mes del año es en el que más mujeres/hombres cumplen años, o incluso en qué mes hay más adopciones de mascotas, etc. Conocer estas estadísticas le permitirá llegar preparado a esas fechas no solo con sus productos o servicios, sino también con su publicidad y marketing. Y al año siguiente puede usar su repertorio para demostrar cuántos clientes lo eligieron para esas fechas y lo satisfechos que quedaron luego de pasar por su negocio o tras el uso de sus servicios. Aproveche esas oportunidades y maximice sus ventas.

Si usted no tiene muchos conocimientos sobre marketing,

publicidad, packaging, ads, etc, busque profesionales que lo asesoren, lo acompañen y diseñen sus campañas de forma que sean ineludibles y contundentes. Suele ser un área controversial de tratar para los dueños de negocios, así que me permitiré unas líneas para exponer algo: los profesionales en este área nos proporcionan mayor visibilidad, su trabajo es condensar toda nuestra idea de negocio, cómo podemos aportar en la vida de nuestros clientes potenciales y expresarla de forma que sea atractiva y fácil de comprender. Esto nos posibilitará expandirnos hacia más cuota de mercado. Pero también en el mundo actual hay muchas personas que creen que el marketing y la publicidad son tonterías y que cualquiera puede hacerlo. Evite a este tipo de personas y busque profesionales responsables. Puede que entreviste a un trabajador que recién está comenzando y no tenga gran repertorio. Esto no quiere decir que sea un estafador, quizá sea exactamente la persona que usted necesita y tengan un vínculo por décadas. Para determinar si sabe o no póngalo a prueba, entrevístelo, conversen, hagan un test, evalúe su trabajo objetivamente con el profesional, siéntase a gusto con la persona que va a trabajar ya que si su campaña es errónea usted perderá dinero. Le aseguro que un verdadero profesional podrá respaldar su propuesta objetivamente y de ser así pague lo que corresponda porque hay mucho trabajo detrás de una propuesta de marketing y/o publicidad.

Por último e igual de importante es su calendario interno de materias primas, material de servicio, proveedores y despacho de mercadería. La sincronización de estas áreas es calculable, puede que al principio dependa de usted y será bastante simple. A medida que su negocio vaya creciendo sería una excelente decisión contratar a un profesional para administrar su inventario y todo el manejo del despacho de productos. Como dijimos, para fechas especiales es probable que se altere el flujo regular de materias primas y productos o de material de servicio. No es estático. Hay personas que se especializan en estas áreas de las empresas y contar con personal capacitado en la materia le permitirá la mayor optimización posible. También es importante en este calendario contar con transportistas de calidad en el caso de los negocios de productos mejorando todos los tiempos de entrega.

MÁRKETING BÁSICO

En los inicios de un negocio el marketing, o mercadotecnia en español, debería de ser de captación. Nosotros todavía no tenemos clientes, o muy pocos, lo que nos incita a captar cuota de mercado de forma contundente. El marketing es el estudio y la ejecución de estrategias de venta. Cabe aclarar que marketing y publicidad son cosas diferentes. La publicidad es una de las herramientas que el marketing puede usar. Si no cuenta con el capital suficiente o los conocimientos necesarios para contratar a un profesional del marketing para los inicios de su negocio, le mostraré lo más básico para iniciar.

Por regla general en el mundo de los negocios, si se muestra con una tienda física o se empieza a hacer conocer en una comunidad y en esta hay otro negocio en el mismo rubro que el suyo, habitualmente sucede que los clientes se dividirán. No necesariamente al cincuenta por ciento para cada uno, pero muchos clientes que habían consumido en el negocio más antiguo por mera necesidad irán a probarlo a usted. Esta es una herramienta la cual puede aprovechar para varios fines: debe apuntar a esos inconformes para hacerles saber que está ahí y que sus productos o servicios son otra opción en el mercado; obtendrá mucha información de este proceso, hable con esos prospectos que están poniéndolo a prueba, aprenda sobre sus primeros clientes. Esto lo ayudará a tomar decisiones apropiadas para ganar más cuota de mercado e incluso fidelizar a esos compradores.

Como estamos buscando captar clientes, debe contar con un diferenciador impactante y exprimirlo hasta agotarlo. Podría ser mejor precio, más eficiencia, innovación, más variedad, etc. Este diferenciador puede tenerlo desde antes de su apertura y será su estandarte al mostrarse por primera vez, como también podría descubrirlo u obtener esa información de sus primeros clientes, esos inconformes del mercado que están buscando algo nuevo o diferente.

Es recomendable no entrar en un conflicto directo con su competencia, usted no se ha establecido todavía. Jamás use los términos "somos mejores que los demás por X o Y motivo", haga ruido sin insultar a nadie. Mejor "somos rápidos", "tenemos buen precio", "nuestros productos son de excelente calidad", "estamos orgullosos de brindar servicios en esta comunidad", "gracias por confiar en nosotros, nos aseguraremos de darle lo mejor que podemos". Este tipo de frases evitan el conflicto directo y le demuestran a los clientes y prospectos que su compromiso es con ellos y no que está buscando ganarle a su competencia.

Busque la fidelización a toda costa. Una vez que tenga clientes recurrentes, y sucederá, haga todo lo que esté a su alcance para que se enamoren de su marca. Que cuando ellos piensen en comprar tal producto que usted vende, automáticamente usted sea su única opción. Si lo analiza, usted ha sido fidelizado por varias marcas ya. Debe lograr que sus clientes se sientan así de identificados como usted con sus productos y servicios favoritos. Establecer esas conexiones es una de las experiencias más gratificantes que le dará tener un negocio. Procure que sea recíproco.

Todos los procesos anteriores seguirán ocurriendo en simultáneo para siempre, cambiarán las estrategias de comunicación, los productos y servicios, la publicidad, etc. Pero tanto la captación, la escucha activa y la fidelización, deben seguir sucediendo con cada cliente cada día, cada mes y cada año por siempre. Es con la acumulación de esas acciones que usted tendrá la potestad de imponer su marca. Cuando se expanda hacia nuevos territorios o nuevos target, o con productos o servicios nuevos, será su marca la que lo respaldará. Esta tiene dos componentes fundamentales: su calidad y desempeño como negocio; lo que sus clientes sientan y digan de usted. No crea que significa que le pedirá a sus clientes un vídeo hablando bien de su negocio para ir mostrándolo a donde vaya. Hay varías formas de expresar esto:

- Si su negocio es joven significa que intentar aprovecharse de eso no lo ayudará mucho, ya que podría mostrarlo como inexperto. Podría usar una frase como "...con el respaldo de más de 10.000 clientes satisfechos el último año".

- Si su negocio es en un rubro que maneja pocos clientes al año pero de gran calibre, como podría ser la construcción de viviendas, podría ayudarse de frases como "...con la satisfacción de haber podido construir 50 hogares más este año".

- Si su negocio es de innovación podría mostrarlo de esta forma "...un año más, nuevos productos haciendo felices a nuestros clientes".

- En el caso de los negocios de servicios, qué sentiría usted si lee o escucha una frase como esta "...estamos tan ocupados atendiendo las necesidades de nuestros clientes que buscamos personal para ampliar nuestra capacidad operativa".

Así podría darle miles de ejemplos más. El objetivo es que comprenda que el concepto de imponer marca no se trata de mostrarse mejor que nadie, sino que consumir en su negocio es seguro y confiable porque muchas otras personas lo están eligiendo, y eso debe ser por algo muy bueno. Los demás también querrán tener eso bueno que usted ofrece.

Por último, evite frases como "...visite nuestra tienda", "...tenemos lo que está buscando", "...solicite su vendedor".

A las personas nos encanta comprar pero no nos gusta que nos vendan. Trabaje su marketing con la delicadeza de sugerir que ellos pueden elegirlo si quieren, que usted es bueno en lo que hace o vende y está disponible para satisfacerlo como ya lo ha hecho con muchas otras personas. Sea atractivo.

LIDERE SU NEGOCIO

A nivel personal

Toda organización requiere de un líder que dirija al equipo con precisión a lo largo del día a día y los proyectos trazados a mediano y largo plazo. Este será su rol, al menos al principio.

En esta sección me gustaría hablar de usted como líder. A lo largo de mi vida me he encontrado con muchas personas que siguen insistiendo en que ser dueño de un negocio es ser el jefe que dé órdenes y que todos los trabajadores deben de obedecer porque así ha de ser, sin fundamentos y con una arrogancia que destroza sus negocios indiscutiblemente.

Es verdad que es importante que se esfuerce por desarrollar las habilidades apropiadas para poder lograr que todo su personal desempeñe sus tareas correctamente en el tiempo justo y esté conforme con eso. Liderar su organización no se trata de dar órdenes. Hace un tiempo escuché de Freddy Vega, un gran CEO, decir "los negocios no son familias, todos cumplen un rol" y es lo más acertado que he escuchado al respecto. Cada persona que trabaja en su equipo ha de desarrollar sus tareas. Existe un contrato que indica las responsabilidades de cada empleado y las obligaciones que tiene para con ellos. Piénselo así, ellos le ofrecen un servicio por el cual paga cada mes y por años. Este servicio ha de ser de calidad. Pero siendo realista y

153

como ya hemos mencionado en el análisis de los procesos internos de los negocios, son personas.

Dentro de sus tareas como líder, el cual es un rol imprescindible que alguien debe cumplir, está el que usted encuentre la forma de que se vinculen con los proyectos de la organización, que entiendan que forman parte de ella, que podrían buscar otro trabajo si su negocio termina en la quiebra, pero que vale el esfuerzo crecer profesionalmente, dar su mejor versión cada día y trabajar orgullosamente para que la compañía siga en funcionamiento, mejorando y creciendo.

Todos los recursos que le he mostrado a lo largo de esta Parte 2 "sobre negocios" son, además, formas de que cada empleado sepa que no solo es por un salario por lo que está ahí, sino que también el aporte que hace en lo que trabaja cada día, a la comunidad, o a las personas que tiene alcance, marca la diferencia, y dar lo mejor de sí mismo cada vez, en cada tarea, con cada cliente, es lo mejor.

Debe ocuparse de su negocio. Su sueño o su meta es donde todo comenzará y lo que lo impulsará a persistir en el tiempo. Lo desafiará, lo hará crecer y sucederá que si desea realmente construir un negocio sólido, deberá ganar nuevas habilidades constantemente, internas y externas. Liderar una organización no es simple. Siempre suceden acontecimientos que lo interpelarán, incluso es una posición muy incomprendida por muchas personas e intentarán desbastar su credibilidad y su liderazgo, pero es el rol más relevante a cumplir. Usted tiene el poder de decidir cada siguiente paso, el que lo hará triunfar o el que lo pondrá de rodillas. Tómese esta posición con la seriedad que requiere.

La mejor herramienta que tiene para construir una estructura sólida es potenciar nuevos líderes en su organización. Lo asistirán en la toma de decisiones e incluso le permitirán delegar responsabilidades en ellos para que usted pueda ocuparse de lo más importante y relevante en su visión para el negocio. Reconozca los talentos que tiene en su equipo. Si siguió todo este programa y escogió a los mejores para su equipo, permítales brillar, desempeñarse. Cree un ambiente propicio para el desarrollo personal y profesional. Esto beneficiará a su organización sustancialmente y a su vez a usted, el proceso ha de ser simbiótico. Como dijo Jhon Maxwel "si llega solo a la cima lo está haciendo mal".

MICROTAREAS Y MICROMEJORAS

Gane habilidades

<u>¿ESTÁ PREPARADO PARA GANAR</u>?

Para obtener los resultados que buscamos contamos con nuestros sentidos y muchas habilidades que podemos desarrollar. Como un atleta que se prepara por años para una carrera de únicamente 10 segundos en una pista de atletismo, en el mundo de los negocios funciona exactamente igual. Cada capacidad que trabajemos y mejoremos nos acercará cada vez más hacia el éxito.

Un día como cualquiera llegó a mí información muy valiosa: un seminario del empresario y escritor Brian Tracy, en el que hablaba de cómo ponerse metas y cómo cumplirlas con pequeñas tareas y claro, lo entendí. Siempre he sido de esas personas que hacen listas para todo porque están pensando en tantas cosas que no quieren perderse ningún detalle. En estas tenía bloques interminables de quehaceres. Aunque siempre tuve presente la idea de atomizar cada negocio, cada labor en mi lista, cada objetivo y afrontarlo por partes, nunca dejaba de tener todo presente y constantemente sentía que el tiempo no me era

157

suficiente. En consecuencia empecé a moldear lo que yo llamo *micro-tareas*.

Es un concepto muy simple realmente: ordenar las labores de la semana por prioridad, comenzando por lo más importante y dividirlas en porciones fáciles de ejecutar y de corta duración. Una vez hecho este proceso ha de elaborar listas para cada día con todas las acciones que debe ejecutar.

Los domingos son el mejor día para desarrollarlas, luego las puede desglosar en varias listas de micro-tareas y asignar cada una al día y lugar específico en que se ocupará de ellas.

Cuando comience el día lunes, enfóquese únicamente en cumplir con las tareas en el orden establecido. Confíe en lo que diseñó y cuando se esté ocupando de algo sabrá qué hacer luego porque programó la secuencia a seguir. Despreocúpese de lo que sigue, de lo que ya hizo y focalice su atención en lo que está haciendo ahora. Puede que al principio sus listas no tengan el orden más óptimo posible, pero con el pasar de los días y las semanas, seguro las diseñará más eficientemente porque irá conociendo a profundidad cada proceso. Si hace esto puedo asegurarle tres cosas:

1. Usted reducirá el tiempo de trabajo drásticamente. Esto es muy valioso si quiere pasar tiempo con su familia o aprovecharlo para hacer de sus negocios organismos más eficientes.

2. Al final del día se sentirá más satisfecho por su desempeño, más confiado de sus capacidades y con mucha paz mental.

3. Gracias a esto usted entiende cómo funciona un sistema, ya que estos son una serie de componentes interrelacionados entre sí con un fin común y esto le va a permitir automatizarlos en el futuro y así podrá hacer que sus negocios se vuelvan más eficientes y no dependan de usted necesariamente.

De esta forma logré empezar a despejar mi mente de todo lo que no me servía. Piénselo así: ¿usted cree que pensar en el mes próximo le va a ayudar a resolver las tareas de hoy?

Con el pasar del tiempo noté que el mismo concepto de micro-tareas podría utilizarlo en muchas áreas de mis negocios, objetivos personales, crecimiento personal y otras áreas que me interesaban.

En ese momento dos cosas llamaron mi atención: *la primera es el tiempo* .Todos sabemos qué es el tiempo pero no siempre somos conscientes de cómo este fenómeno nos atraviesa profundamente. ¿Se ha detenido a analizar que cada día que pasa, cada hora, cada minuto, incluso, cada segundo, no vuelven?

Para mi fortuna, durante unas de mis vacaciones, una noche tumbado en una camilla de un hospital con problemas para respirar, me dí cuenta de una inmensa cantidad de cosas que no había hecho por miedo, por procrastinar, por vergüenza, por perezoso. Realmente llegué a creer que no tendría la posibilidad de hacer ninguna de estas cosas, como ver el rostro de mi madre una vez más, escuchar historias contadas por mis abuelos, reír con amigos, amar profundamente a alguien, escuchar esa canción que tanto me gusta, comer mi comida favorita, o tan solo sentir como el aire llena mis pulmones cuando respiro profundamente. En ese momento me prometí que si salía en buenas condiciones (o aún en malas) de ese hospital, iba a aprovechar, o mejor dicho vivir, cada instante con toda la intensidad posible, con la mayor consciencia que tuviera en ese momento y haciendo las cosas que realmente quiero. Dejé de creer en los "debería". Somos muy frágiles y efímeros como para no darnos a nosotros mismos lo que realmente soñamos o deseamos. La vida pasa y cada instante que no aprovechamos es irrepetible. Además, el tiempo avanzara queramos o no, nos guste o no, lo tengamos en cuenta o no.

La segunda cosa que llamó mi atención fue la capacidad de subdividir cada cosa y mejorarla por partes, lo llamo "micro-mejoras". Esto es muy sencillo: supongamos que yo quiero hacer 10 cosas pero la realidad es que de esas 10 solo puedo hacer 3. Existen dos formas de verlo: "me faltan 7 cosas por hacer" o "hice 3 cosas más que ayer". Pues con el aprendizaje es casi lo mismo y digo casi, porque es todavía mejor. Existe cierta exponencialidad en el aprendizaje, por ejemplo: tenemos un sistema no automatizado de registro de clientes en un negocio. Este sistema consta de 10 pasos, de estos, 2 implican recolectar datos, 3 implican clasificar esos datos, 3 más implican movimiento de datos dentro de nuestro sistema y por último 2 implican interacción directa con el cliente.

Analicemos: recolectar datos parece un trabajo muy simple, pero supongamos que estos se verán reflejados en una base de datos, de modo que vamos a requerir de información específica. ¿Cuáles son imprescindibles de recolectar?. Si usted usa el sistema de micro-tareas y realmente se concentra al 100% en lo que está realizando, cada vez podrá detectar las falencias y rectificarlas. Ahora supongamos que de las 2 tareas que implican recolectar datos, la primera la corrigió hasta que funciona a la perfección y sabe cómo recogerlos apropiadamente (pues ha ganado una habilidad), por tanto, para la siguiente que tenga el mismo fin, estará mejor capacitado y le será mucho más sencillo. Lo mismo en todas las otras actividades a realizar.

Las micro-mejoras le van a permitir no solo mejorar los sistemas, su vida personal y su salud, sino también ahorrar tiempo. El conocimiento que adquiera es un recurso que podrá utilizar infinita cantidad de veces. Esto también le permite amortizar gastos. Analícelo así: usted toma un curso sobre recolección de datos que cuesta 100 dólares. Quizá crea que es costoso, pero si se enfoca en aprender esa habilidad a la perfección, puede utilizarlo hoy para lo que tiene que resolver, quizá mañana lo vuelva a necesitar y muchas veces más en el futuro por un único pago. Si utiliza este conocimiento una vez en la vida le habrá costado 100 dólares, pero si lo usa 10 veces únicamente le habrá costado 10 dólares cada vez, y si lo usa 100 veces tan solo le habrá costado 1 dólar cada vez. ¿Y si lo usa mil veces?

Ahora imagine todo lo que podría hacer con más conocimiento, el cual paga una vez, que le va a permitir aplicar micro-mejoras a sus micro-tareas y le permitirá automatizar sus sistemas, hacerlo sentir más satisfecho con usted mismo, tendrá los resultados que busca. ¿No cree que adquirir conocimientos lo acercará a la vida que quiere darse? Permítame contestar: SI. *Definitivamente el conocimiento es una de las claves para ser próspero, como lo son también la perseverancia y la constancia.* Pero imagine que tiene dos caminos frente a usted, ambos lo llevaran a la vida exitosa que desea, la diferencia está en que por un camino puede usar GPS y por el otro no.. ¿ con qué camino cree que tiene más oportunidad de llegar?

La idea de fraccionar cada tarea, problema o nuestras finanzas proviene de aumentar la probabilidad de éxito en relación con la dimensión de estas. Si se enfrenta a un problema muy grande, lo normal es que termine atosigado y renuncie a solucionarlo. Al dividir el problema en secciones con las que pueda lidiar con facilidad, le aseguro que al cabo de un tiempo, el problema en cuestión habrá sido superado exitosamente. Busque tener la ventaja siempre.

LIDIAR CON EL FRACASO DE ÉXITO EN ÉXITO

Espere lo mejor, prepárese para lo peor

Con seguridad puedo asegurar que ha escuchado decir cosas como "el fracaso es parte del éxito", "la gente exitosa son fracasados que nunca dejaron de intentar" o " el éxito son muchos fracasos acumulados".

Estas frases son usadas por muchas personas que han alcanzado lo propuesto, las cuales tienen razones y autoridad para decirlo. He tenido la posibilidad de conocer a muchos emprendedores y emprendedoras atascados en procesos interminables por malentender o malinterpretar este tipo de dichos y me gustaría que eso no le suceda a usted.

En primera instancia creo que es de suma importancia determinar qué es el éxito. Como se lo he dicho en la introducción de este libro seré directo y contundente. Cuando hablamos de éxito hablamos literal y específicamente de alcanzar las metas trazadas, de cumplir los objetivos. El éxito es LLEGAR a donde se propuso. ¿Puede que en el camino falle? Si, no solo una sino decenas de veces y eso es normal. Lo que estas frases y otras similares nos quieren decir es que los fracasos NO PUEDEN DETENERLO en su camino. Debe seguir, aprender, insistir y ocuparse de llegar.

Usted conoce con total sinceridad qué desea, cuáles son sus objetivos, lo que hay en lo más profundo de su corazón y su mente, ese motor que lo impulsa a ir en una dirección y no en otra. El valor de sus deseos es lo que determinará en gran medida si realmente alcanzará lo que busca. Recuerde, la vida pasará y en algún punto el tiempo se agotará para cada uno de nosotros. El momento para empezar es hoy y el momento de llegar es lo antes posible.

SU ÉXITO DEPENDE DE USTED,
PUEDE Y LO LOGRARÁ
SIEMPRE QUE SE MANTENGA ENFOCADO
EN LA META.

¿Qué sucede si fallamos? Nada, la vida continúa.

Aprenda qué hizo mal, póngase de pie y siga hacia su objetivo como un deportista que corre 100 metros con vallas en unas olimpiadas. Si pone atención a una carrera de esta disciplina, verá que estos sostienen su mirada en la línea de llegada. Todos los ven brillar en los estadios, pero lo que muchas personas no tienen en cuenta es que ellos han entrenado por años, golpeando las vallas cientos de veces y se han levantado y han seguido una y otra y otra vez hasta lograrlo, hasta tener las habilidades suficientes para poder correr sin mirar ni una vez hacia abajo. Los obstáculos que nos harán tropezar siempre serán parte del camino, solamente hay que aprender a superarlos y eso se logra con dos cosas: determinación y metas claras.

Si pone más atención puede notar otro factor determinante: los atletas tampoco miran hacia los costados donde están sus rivales. El desafío es con ellos mismos. Para los negocios, las inversiones, las finanzas y la vida en general es exactamente igual. Compararse con los demás, sea que crea que va por delante o por detrás, no le inspirará nada positivo.

Si siente que su determinación es baja, lo invito a que relea dos capítulos de este libro las veces que sea necesario hasta que encuentre con sinceridad el camino que escogerá recorrer: la introducción que contiene mi mantra "Relájese, manténgase constante y suba su nivel de consciencia" y "¿Cómo elegir el negocio correcto para nosotros?", e insista en tomar decisiones con genuinidad.

Para determinar el sistema de metas que usará hay decenas de autores específicos en la materia. Claro está que cada persona puede y debería personalizar sus objetivos, hay métodos que estandarizan esto y le mostraré lo que a mi me ha funcionado por años: siempre he manejado tres tipos de objetivos en simultáneo, tanto en mi vida personal como en mis negocios o de otras personas y negocios que he acompañado en sus procesos de optimización. Los primeros que determino son los de largo plazo, los cuales reflejo como *"la vida que quiero tener o vivir"* o *"el negocio que quiero tener o liderar"*. Me tomo el tiempo necesario para ser específico, son necesarios todos los detalles posibles. No importa dónde esté ahora o en qué posición económica se encuentre, *permítase soñar en grande*. Esto no quiere decir que la vida que quiera tener deba estar llena de excesos y lujos, quizá usted no sea feliz con eso, pero puede que la vida que quiere esté muy lejos desde el punto donde comenzará, entonces se verá grande o inalcanzable.

Parte de este método implica que *visualice con precisión qué desea*, escríbalo, por más loco que se vea cuando lo lea. En función de esta meta de vida confeccionará las demás. Esto significa que una vez que la escriba comenzará automáticamente a ir en esa dirección. No hay plan B, está apostando su vida. Si luego de veinte, treinta, cincuenta o más años se da cuenta que eligió ir por un camino que no lo hizo feliz la habrá desperdiciado sin posibilidades de comenzar de nuevo. Insistiré con algo: sea sincero con usted. Una vez determinado su objetivo más grande y con la decisión de ir en camino hacia ahí, comenzará a seccionar ese gran objetivo en otros más pequeños a mediano plazo. Metas de uno a 5 años. Y por último a estas las dividiremos en secciones más pequeñas de uno a treinta días y comience.

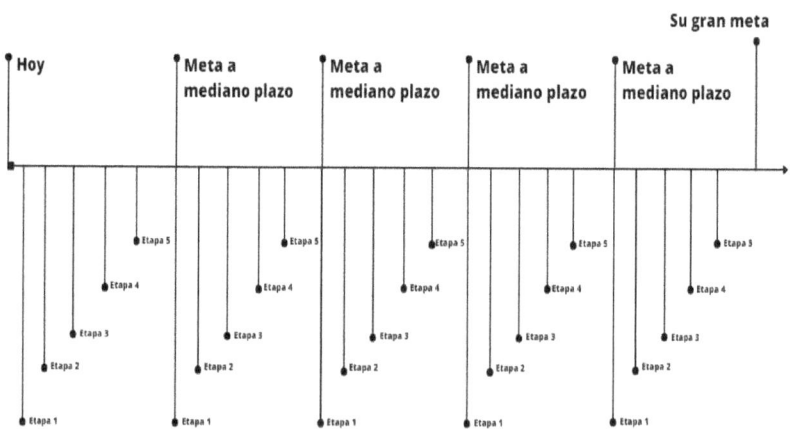

Podría reflejarse de esta forma. No es necesario que sea tan formal si no quiere, pero tener una guía hacia donde va podría recordárselo si siente que está perdiendo el rumbo. Es fácil detectar cuando uno se está saliendo de lo que realmente desea. Es tan simple como preguntarse si es feliz viviendo la vida que tiene hoy.

Quizá crea que esto es muy estructurado, que la vida debe fluir sin guía y que la abundancia llegará a usted meramente por tomar acción. La riqueza nos rodea por donde miremos, las oportunidades también. La diferencia entre las personas que alcanzan el éxito y las que no radica esencialmente en su foco de atención.

Crear esta guía no quiere decir que sus deseos o el plan no cambien en algún momento, sino que será una herramienta de la que podrá apalancarse para conservar o retomar el foco de su atención en función de lo que realmente anhela. Vivimos a un ritmo vertiginoso y estamos siendo afectados por tantos acontecimientos a la vez, tantas veces al día, que muchas cosas podrían robarnos la atención.

El objetivo de mantenernos enfocados lo máximo posible es para que podamos lograr que cada vez que hagamos algo, por más pequeño que sea, nos acerque a todo aquello que ansiamos, y con el pasar del tiempo y el poder de la acumulación, en algún momento lograremos palpar nuestras ilusiones y atravesar el lado inefable de la realización personal.

A lo que aspira no llegará de la noche a la mañana. Las acciones que realice aportarán a lograr esas pequeñas etapas de corto plazo, cada vez que complete una de estas debería estar alcanzando una etapa de una meta de mediano plazo y cada objetivo de estos finalizado será una porción de esa gran proyección que quiere para usted. Lo más interesante es que no tiene que esperar a terminar todo para disfrutar, ya que cada pequeño o mediano propósito alcanzado puede ser un área de su vida en la que ya está viviendo como desea y paso a paso toda su realidad se transformará, sobre todo porque en el camino ganará habilidades, aprenderá a cumplirse a usted mismo y podrá disfrutar de todas las recompensas que ha ido labrando.

Para trazar estas metas con la mayor claridad posible es importante que se tome el tiempo de analizar lo más detallado que pueda qué necesita para alcanzar su objetivo. Haga un desglose de qué comprar, o qué aprender, a quién contratar, qué acciones realizar, qué trámites, cuánto dinero necesita, etc. Recuerde que mientras más información tenga en su poder más decisiones más acertadas tomará.

3

DOCE CONCLUSIONES

1. Gane para gastar y para ahorrar, ahorre para acumular, acumule para invertir, invierta para ganar más, gane más para tener tranquilidad y para elevar su calidad de vida.

2. Evite lo prosaico de los negocios.

3. Las finanzas para expertos están pensadas para quienes quieren llevar su vida al nivel más alto. Las finanzas básicas están pensadas para las personas que quieren llevar su vida a un nivel digno.

4. Las finanzas son lo suyo o lo suyo será padecer una vida de escasez.

5. Las finanzas son simples. Complicarlas más de lo debido es perder el tiempo que podría utilizar siendo feliz.

6. La vida se nos pasa muy rápido, vívala o piérdala.

7. Estamos rodeados de oportunidades, las vemos cuando decidimos verlas.

8. Da igual donde comience, si no comienza nada cambiará en su vida.

9. Si usted no tiene nada material que perder, lo mejor es perder el miedo.

10. No existe la seguridad financiera, existe la seguridad en usted porque es usted quien debe sentirse seguro con la vida que eligió.

11. Si no se mueve nadie lo hará por usted.

12. No existe el capitalismo salvaje. Existen los salvajes en el capitalismo.

QUERIDO FUTURO
ESTOY PREPARADO

www.ingramcontent.com/pod-product-compliance
Lightning Source LLC
Chambersburg PA
CBHW070545220526
45467CB00003B/1072